時代推著我們前行

羅冠聰的香港備忘錄

羅冠聰 著

NATHAN LAW

WHEN THE WIND BLOWS: THE STRUGGLES FOR FREEDOM OF HONG KONG

僅以此書致敬所有於民主路上
奮鬥的香港人。他們的犧牲，
尤其是那些因追求民主而仍被
囚禁的同道們，不應被遺忘。

Yes, 'n' how many years can a mountain exist

一座山能存在多久

Before it's washed to the sea?

才能被沖入海中？

Yes, 'n' how many years can some people exist

一些人能存活多久

Before they're allowed to be free?

才能獲得自由？

Yes, 'n' how many times can a man turn his head

一個人能別過頭多少次

And pretend that he just doesn't see?

並假裝他什麼都沒看到？

The answer, my friend, is blowin' in the wind

朋友啊，答案在風中飄蕩

The answer is blowin' in the wind

答案在風中飄蕩

Yes, 'n' how many times must a man look up

一個人要仰望多少次

Before he can see the sky?

才能看到天空？

Yes, 'n' how many ears must one man have

一個人要有多少雙耳朵

Before he can hear people cry?

才能聽到人民的哭泣？

Yes, 'n' how many deaths will it take till he knows

要有多少次死亡

That too many people have died?

直至他明白逝去的已經太多？

The answer, my friend, is blowin' in the wind

朋友啊，答案在風中飄蕩

The answer is blowin' in the wind

答案在風中飄蕩

"Blowin' in the Wind" - Bob Dylan

〈答案在風中飄蕩〉——巴布・狄倫

目次

推薦序　時代推著他前行，他亦推著時代前行／桑普　11
自序　時代就這樣倒退著　21
第一部　時代之間
時代就這樣推著我們前行　31
一、迷霧一年　35
二、二〇一九　39
三、無盡抹黑　44
四、遠方求學　48
五、寒冬將至　51

第二部　流亡

一、兩道閘門　57
二、肝膽崑崙　63
三、光輝歲月　68
【插曲】足球故事　73
四、歷史會面　77
五、面對焦慮　82
六、煙火綻放　85
七、尋求庇護　90
【投書】我離開香港，是為了告訴英國關於中國的真相　94
八、倡議之外　97
九、踏上征途　102
十、身分認同　106
【講稿】我們的前路，由我們決定　113
十一、無愧於心　119

第三部　異鄉

一人之境　125
待人之道，唯有真誠　128
一籠燒賣　130
牌愈爛，就要愈俾心機打！　133
為中大心痛　136
不被玷汙的勇氣　139
低谷、幽暗與希冀　142
活出真誠　145
應付假消息的三種方法　150
在聆聽比說話更重要的年代　155
學生會的興衰　158
愛國等於愛黨的荒謬　162
可以卑微如塵土，不可扭曲如蛆蟲　166
亂世中應留守或離去？　169
香港真係好靚　173

蘋果日報的脊梁 176
北京奧運與東京奧運 178
流亡者的憂慮 181
記與余英時先生的一次相聚 184
重聚 187
香港公民社會興衰 190
在黑暗中看見彼此 193
當石牆沒有花 196
二〇二一香港家書——天光多傷痛挫折　亦盡力生存 200
在荒謬的時代，如何面對無力和恐懼 204
當行之事　活出歷史 209
當年團友　今天政助 220
牆內外的人 223
再見，英女皇 226
北京四通橋示威勇士如何動搖中共管治威信？ 229
白紙運動 232

中國人的紅色藥丸 235
二〇二二香港家書——頑石從未成金　仍願場上留足印 239
你要學會的，是等待自己 244
檔案編號NSDRN20000013 248
家與心房 250

推薦序

時代推著他前行，他亦推著時代前行

桑普（台灣香港協會理事長）

記得上兩次同羅冠聰見面，一次在倫敦，一次在台北。

去年一月，寒風凜冽，阿聰和朋友們與我相約在倫敦一家粵菜館用餐。久別重逢，敘舊緬懷，淺談近況，心暖情真。阿聰當時提及他即將出發，北上英格蘭、蘇格蘭數個城市，宣傳「香港協會」(HKUC)文化活動，積極充實。六月，羅冠聰來台北演講，暢談大作，座無虛席。經我借鑒，台灣香港協會年輕夥伴們同年舉辦了「香港八月」一系列文化活動，集飲食、市集、演唱、講座、聚會於一身，讓台灣主流社會與香港族群彼此溝通理解，背後其實深受阿聰的熱情及往績感召。我們都分別離開了香港，堅持拒絕遺忘，積極努力，投入社會。這種心境是許多離港人士的深刻印記。

我和羅冠聰相識於「香港眾志」還在香港政壇活躍時。羅冠聰是有史以來最年輕的香港立法會議員，堪稱時代弄潮兒。後來因宣誓事件被褫奪議席，又因訪問台灣被追打及返回香港後受襲，再因雨傘運動前公民廣場集會案被短暫囚禁，可謂命途多舛。在二〇一九年反送中運動的大部分期間，他在耶魯大學進修，但仍積極在國際線上投入貢獻，為香港人權奔走呼告。在二〇二〇年國安法實施前，阿聰流亡英國。身處海外，阿聰繼續社群工作，曾與時任美國國務卿龐佩奧（Mike Pompeo）會面，並且從香港政治人物轉型為對抗中共的國際倡議人士。

阿聰出身寒微，性格內向，但勤奮認真，不平則鳴。回想當年，我傍晚在香港主持直播電台節目，偶有致電訪問阿聰，他大多對答如流，言之有物。遇到戴耀廷教授向我談及某些政治策略上的創新想法，我也曾約阿聰出來單獨討論。他談吐穩重成熟，進退有度，令我印象深刻。

我認為這本書特別精彩的一篇文章叫〈家與心房〉，壓在最後，但很值得讀者優先閱讀。文章透露了阿聰與父母之間的糾結與距離、愛與恨往往牽扯難分、命與運往往可即可離、人與人之間的愛不是理所當然、阿聰究竟如何渡過童年等。對照目前港共專政集團對身處海外的阿聰通緝懸紅、對阿聰的家人及前夥伴在香港騷擾恐嚇，更見阿聰立志之堅、出泥不染之稀、中共作惡之深。

羅冠聰不在香港出生，沒有親歷自由繁榮的港英年代。一九九九年，他隨母親從深圳來到香港，與父親團聚，先後在屯門大興邨、東涌逸東邨居住，家境清貧，溫暖或缺。阿聰就讀東涌的教聯會黃楚標中學，是深紅「愛國」學校。書中談到阿聰參加學校的七天北京交流考察團，以及有機會被「揀卒面試」進入「灰線」組織這段「機遇」，猶如在鬼門關前掠過。然而，正是這樣的人，坦承剖白，自覺覺他，數年之後感召了很多香港人爭民主、要自治、反專制。當中有「時代推著他前行」的部分，也有「他推著時代前行」的部分。當中出現的人生轉折及心路歷程，尤其是二〇一九年至二〇二三年這段期間，從挫折、負笈、回港、流亡到政庇，他究竟是如何面對的？很多細節，留待讀者，通讀全書，仔細琢磨。

接下來，我想從更宏觀的角度，談談一些更深入的看法。當中部分觀點，或會引起爭議，盼未來與同道們進一步交流切磋。

一、去留

首先，書中提及「離去」與「留下」這個二擇一的艱難決定。羅冠聰引用譚嗣同的「去留肝膽兩崑崙」來說明兩個選擇各有其道理。當然，這是正確的，而且每人都要為自己的決定負責，奮發生活。我以下僅集中談「離去」。

畢竟，面對馬克思加秦始皇的中共極權暴政，我與羅冠聰都選擇了「離去」。我們有遺憾，但無後悔。我離港前在電台節目公開講過：「二〇二〇年的香港就是一九四九年的中國，要選擇做巴金、陳寅恪，抑或選擇做胡適、傅斯年，現在就是生死抉擇時刻。」當時，言者諄諄，聽者藐藐；今已逐步應驗。君不見前車之鑒，有些同道好友滿腔熱血，本欲離而未得，終致身陷囹圄，教人痛心疾首。屈原《哀郢》有謂：「去終古之所居兮，今逍遙而來東。羌靈魂之欲歸兮，何須臾而忘返……鳥飛返故居兮，狐死必首丘，信非吾罪而棄逐兮，何日夜而忘之。」此言甚是。畢竟斷捨離知易行難，雖然無法「忘」掉香港，但也必須快狠準。花開堪折直須折，莫待無花空折枝。以理性、史識、經驗、常識，克服懦弱、惰性、自欺、迷戀，是抉擇的關鍵因素。抉擇後，忘不了，不能忘，也不用忘。

富蘭克林（Benjamin Franklin）講過：「哪裡有自由，哪裡是吾國。」（Where liberty dwells, there is my country.）余英時改蘇軾詩贈高行健：「滄海何曾斷地脈，白袍今已破天荒。」這些都不是信口開河，而是背後有一套整全的人生觀和世界觀。在基督信仰的基本觀念中，人生在世就是「流寓」，因為人與神的關係不因地域、種族、國家而異。儘管我們既有「家」，也有「國」，有義務盡忠效力，但我們有選擇離開專制極權險地、困地、極地的權利，以及選擇「落地生根」並發憤效忠自由國家的自由。英國清教徒乘五月花號移居美國，愛因斯坦離德赴美，都是正確的決定，影響後世至深。胡蘭成與周作人，胡適與冰心，去留殊途，生死永隔。梁啟超《去國行》有謂：「君恩友仇兩未報，死於賊手毋乃非英雄。割慈忍淚出國門，掉頭不顧吾其東……大陸山河若破碎，巢覆完卵難為功。我來欲作秦廷七日哭，大邦猶幸非宋聾。」這或許反映了我和羅冠聰的心跡。離開了的人，謙卑努力不懶惰；留下來的人，適時反抗不合作。不要死，好好活，準備好，等運到，光明始終會到來。

二、罪咎

離開了的年輕手足們，大多充滿著罪咎感：捨離坐牢同伴、乍聞同伴噩耗、光復志業未竟、精神肉體創傷、前途茫然空白、人生計畫重置、親友愛情變質、新生適應困難、難忘香港一切。當人生出現了翻天覆地的深刻轉折，這種罪咎感，揉雜著鄉愁，勢必降臨。然而，我們必須懂得克服這種罪咎感和鄉愁，因為它們只會帶我們回到「過去」的時空記憶膠囊，並堵塞住朝向「未來」樂觀、積極、夢想、勇敢、創新、試驗的康莊大道。從今以後，就讓罪咎感和鄉愁殘留在腦中一個微小角落，不要讓它們噴湧至遮天蔽日。這是包括我和羅冠聰在內很多人士的日常功課。

正是這種濃得化不開的罪咎感，結合著流亡者海外逐漸膨脹的金錢權力自利野心，主導著部分「中國」流亡海外民運人士的命運，產生了各式各樣的離地與異化，足足延續了至少三十多年。香港流亡人士應引以為鑒，不應單純以一句「中港殊途」作結，因為人性畢竟是共通的。對於這種現象，經歷過文革浩劫的哈金論述流亡的作品，很值得大家品味。哈金寫道：「如果你走出國門，你就不得不像別人一樣正常生活：以個人的勞動來支持自己和家人，靠自己的能力與別人競爭，興敗存亡全憑一己之力和運氣。這種平等是自由的起點，既折磨人也是機遇。」「他們渴望某天能夠回歸自己的故土，這種懷舊心情往往剝奪了他們的方向感，並阻止他們在任何一個地方落地生根。」法國大文豪雨果（Victor Hugo）也講過：「人生下來不是為了拖著鎖鏈，而是為了展開雙翼。」這些話語，盼與大家共勉。

三、身分

我知道時至今日有很多流亡海外的香港人經常討論「身分認同」的問題，歸根結柢是想不斷反覆地確定、提醒、表示自己依然是「香港人」，結聚同質者，覺得這樣才算莫忘初衷。其實，這種想法是把「努力光復香港」與「香港人」劃上恆等號，認為只有「香港人」才會真心「努力光復香港」。我不作如是觀。反共、抗中、復港，其實跟閣下是否「香港人」沒有必然關係。辛亥革命的資助者、實行者，很多都不是漢人或華人。美國獨立戰爭更是適例。由此可見，「恆等號」無助結成更廣闊和更平等的大聯盟。

一個人的「身分認同」選擇，應以「落地生根」為標準，不應以「莫忘初衷」為根據，否則就會必然發生哈金上述提到的「方向感失序」問題。我兩年前已經說過：我是台灣人，也是勉強可稱為「離散」的香港人，但我熱愛台灣，會把台灣國家興亡放在首位，落地生根，貢獻社會，同時也不會忘記香港，並且與同道們共同努力實現光復香港之路。我認為這種想法與台灣國家利益沒有根本矛盾，沒有魚與熊掌的問題。這樣的我，不會有上述「方向感失序」問題。當然，我無法強制別人接受我這套想法，只希望成為彼此溝通及反思的參考。面對現實，大家不妨參考已經入籍英、美、加、法、德、日、澳、紐、台各國多年的港裔移民身分認同轉變，可謂發人深省。我們從來不應著眼於「過去」和「未來」自己的身分如何，實應掌握「現在」的生存環境，追求落地生根，不求落葉歸根。未來的身分認同，是未來的事，不是現在「預斷」未來必須如何的事。只要我們追求自由與夢想的意志、信念、言論、行動常青，「身分認同」不應成為其障礙。

四、主權

據我理解，羅冠聰思想觀念比較左傾，行文中也偶有「正反合」等辯證用語。此外，阿聰至今沒有清晰主張過「香港獨立」。他追求的是自由、自治、民主、法治的香港，追求香港不成為中國或中共的附庸，亦即他並未排除「光復」開明版「一國兩制」：所謂「真正」的「高度自治、港人治港」。恕我直言，對於這些想法，我未必認同，但無損我對他勇氣、熱情、反抗、寬容、冒險等特質的讚美。

我認為：專制的中國容不下民主的香港。民主的大一統中國也容不下自治的香港。當中國分裂了，香港也會隨之而脫離。時至今日，還把「開明版一國兩制」列為選項，顯然在邏輯與常識方面完全說不通。換言之，中國不民主，一國兩制會死；中國民主了，一國兩制也會死；中國分裂了，一國兩制就不必要了。

香港從小的教育，告訴我們法治、人權、民主、自由的重要性，但沒有告訴我們：如果沒有自己的主權、國家、軍隊保障，那麼法治、人權、民主、自由就猶如鏡花水月一哄而散，也猶如一個細胞沒有細胞壁或細胞膜保護，頓成漿糊。君不見台灣命運之所以異於香港，關鍵在於國家主權、軍隊國防、外交實力，從而危而不危，尤須慎防內滲。

香港人如不追求國家主權，亦即香港獨立，還幻想夏桀老死、商紂從良、文王降世、文景之治，然後光復一國兩制，那就是依然故我心甘情願接受中國有權殖民奴役香港的奴隸心態。奴隸心態不變，二千年來盡醬缸。至於坊間所謂歸英論，更是夢囈，英國笑，全球鄙。何不精誠團結，追求香港獨立？這當然有時機問題，目前不宜躁進，但要準備好我們的政治理想與目標。猶如北斗，定舵前行，此其時也。

三大目標：中共倒台、中國解體、香港獨立。三者缺一不可。當然，世界上沒有任何自由國家政府，在事成之前，會公開支持「中國解體」（或任何國家解體）、「香港獨立」（或任何國家其中一部分獨立）的。所以，中國解體、香港獨立，在國際公開場合，註定是一條孤單寡助的艱難道路，也不可能成為當前「國際線」的主軸。然而，三大目標的重點或樞紐在於「中共倒台」：一旦出現，中國解體、香港獨立的成功契機，就會出現難以言喻的漣漪效應，至少有機會俾便逐一實現。屆時中國解體、香港獨立的秩序與品質，端視各方有識之士及公民社會目前是否準備就緒，伺機而動，一觸即發。中共政權最怕的就是這一點，因為一旦成真，就會連中共倒台後「中國版普丁」大一統專政復辟金蟬脫殼的機會都沒有。不過，我不看好中國人目前的公民意識和觀念文化，但卻看好香港人目前仍正勉力維繫公民意識和文明觀念。因此，這種反差情況相當弔詭，局勢還需要詳細琢磨及沙盤推演。但無論如何，三大目標是唯一出路，需要盡早認真準備。

我衷心期待羅冠聰支持上述想法，或至少不反對上述想法。未來可望求同存異，與全球同道們凝聚更廣泛共識。

五、行動

今年六月，資深評論人練乙錚先生在「日本香港民主峰會」上，發表〈論港獨的知行合一——困境下的獨白〉文章，論述清晰，發人深省，擲地有聲。

練文的重點在於「光復三實踐」：做服務工作（生活、文化、政治紀念）及國際倡議（保護港人、制裁共官）的人力物力，宜大幅轉移到加強對中共及港共政權的直接攻擊力，達到大約四比六的比例。練文所謂「直接攻擊」的例子，包括揭露中共在外國的秘密警察局、反消息封鎖的拆牆運動、向外國暴露中國真相的大翻譯運動等。以上都只是練乙錚先生的初步意見。

這篇文章的意見，正好說出了我的心底話。世界各地同道在過去四年的工作，大體上包括以下六項：紀念、社群、倡議、救援、媒體、營生。不過，我在去年及今年於美加演講時，提出多兩項：光復目標及綱領、組織與行動。這恰好類近練文的重點。我認為：光復目標及綱領、組織與行動，是有志於光復香港人士，今後應該努力的方向。由下而上，加強信任，不宜冒進，逐步醞釀。與其在現階段急於建立任何形式的大台，不如各人先從「對中共及港共政權的直接攻擊力」的「事功」或「實績」出發，或從舉辦深度討論的本國或跨國論壇峰會著手（可以是部分公開、部分非公開），可能是當前更值得實踐的方向。

特此期待包括羅冠聰在內的好友同道們都能求同存異，加強溝通，共襄盛舉。順祝羅冠聰大作《時代推著我們前行：羅冠聰的香港備忘錄》一紙風行。

自序

時代就這樣倒退著

二〇二四年五月三十日，備受關注的國安法初選案判決出爐，十六名不認罪被告當中，有十四位被判「串謀顛覆國家政權」罪成，兩位在被判無罪後立即獲律政司上訴，保釋外出。在初選案判決前，以《港區國安法》控告的案件維持百分之百定罪率，官方挑選欽點的法官完美地配合政權打壓的節奏。

即使這次案件有兩位被告脫罪，卻無人視之為「法治」的勝利；法庭完全採納了政府的說辭，同意這群舉辦、參與二〇二〇年民主派初選的被告在進入立法會後，將計劃無差別地反對預算案，藉此要脅並癱瘓政府運作、逼迫政府回應「五大訴求」，因而「嚴重干擾、阻撓和破壞港府履行職能」，造成憲政危機。

此等判決的荒謬，恐怕無庸贅言。二〇二〇年立法會選舉因疫情延誤至二〇二一年（其實很可能是政治考量），屆時所有被告都已被還押或保釋外出，根本沒有參與選舉，又談何顛覆？香港的小憲法《基本法》賦予立法會否決財政預算案的權力，而特首亦可以在財政預算案被否決後解散立法會，並申請臨時撥款，以維持政府基本運作。在憲法中已詳細設計的分權制度，確保立法會能有否決財政預算案的權力，依此實行，又談何造成「憲政危機」？

邏輯淺白，但「常理」在當今香港政治，已成奢侈。

這些被拘捕、還押的政治人物，都是香港最知名、優秀，具代表性的民主派。過去數年，我們目睹這些在囚同道一個個被消音：起初他們仍會營運社交媒體，向公眾喊話，亦有些傳媒會轉達家屬親友的話，以及分享被告在獄中的最新狀況，但到了現在大部分被告的社交媒體已經被隱藏或停止營運，再沒有關於他們獄中的新聞消息出現於公共空間。

直至審訊再開，我們才有機會在新聞看見他們的名字。然而，政權將反對聲音消滅於大眾視野的手段，遠不只有阻斷他們與公眾的聯繫。過去數年，在被告由還押中心或監獄運往法庭出席聆訊時，懲教署以訓練有素的方法，阻擋這些被告在交通路途上被拍到容貌的可能——妨礙記者拍攝在囚車中的狀況，在進入法庭的車道架起黑幕以遮蔽被告的身影，或儘量將囚車直接駛入法庭室內。

他們不單希望香港民主派消聲匿跡，更希望他們的名字、容貌，和背後代表的理念，於市民心中消失殆盡。

初選案判決後，熟悉的名字一個個躍上新聞，仍能在香港營運的電視台以近乎沒有評論的方式轉播，其播報內容就如直白陳述一宗發生在山區的汽車失事案一樣，猶如一件對大部分市民都沒有意義的日常新聞，傳播作為第四權的位置已在香港漸漸消失。

假若是在《港區國安法》前的年代，電視台、媒體在判決發生前會籌備特別節目，法律學者和建制派議員會分別陳述雙方觀點，讓市民有更全面的理解。法庭門外會有魚貫人龍，公民黨、民主黨等老牌政黨的旗幟，再加上民陣、支聯會等公民團體的聲援，擠滿了法庭入口門外的空間，讓人數超過半百的記者拍攝。這群記者中，將會有由黎智英先生創立的《蘋果日報》，以及群眾集資支持的《立場新聞》、各個網媒、學生報的記者。判決後，法官的判詞會被各方仔細閱讀、評論，不滿者於時事節目上大聲疾呼，倘若有重大不公，更會有政治組織、政黨舉辦遊行，聲援被捕人士，對抗體制腐敗。

這曾經是我們直到二〇一九年前都習以為常，認為理所當然的場景。

我們曾認為結社集會自由是理所當然的；我們曾認為言論自由是理所當然的；我們曾認為多元觀點是理所當然的；我們曾認為法治精神是理所當然的；我們曾認為香港是一個「正常」的都市，是理所當然的。

然而，政治暴力過後，一切反常。

希望，在二〇一九、二〇二〇年持續的示威和躁動後，就如一株被連根拔起的幼苗，無力地枯萎在土地上。

時代，就這樣倒退著；時代的大門，宛如監獄的鐵閘，在香港人面前關上。

我在二〇一八年香港書展推出了首本中文著作《青春無悔過書》。《青》收錄了我在獄中撰寫的文稿，我與出版社以及編輯的合作相當順利。初版全數售清，當我在流亡海外時嘗試詢問出版社會不會再版時，他們指不會再處理任何與我相關的出版事宜。

因為我是一位通緝犯……嗎？也許這是其中一部分。但更大的因素，是我並不僅僅只是一位通緝犯——而是北京認證的「國家敵人」。這個身分就如一場瘟疫，一旦有他人被視為與我接觸，便會遭極權的災厄傳染——我的家人、前同事，甚至訂閱我文章的讀者，全都遭受不同程度的滋擾和打壓。

出版社當然更清楚明白這個風險。對這種「敬而遠之」的態度，我深表理解，假如我身處他們的位置，我也許會作同樣的決定。

但這並不代表我不會難過。北京和親共媒體將我描繪成為背叛國家、逐利而行的冷血「漢奸」；但實際上，我只不過是在普通藍領家庭成長，遇上大時代而被推至鎂光燈下的年輕人。成為政治人物，從來都不在我小時候的志願表單上。直到現在，若我能有拋開時代責任的餘裕，也許我也會重回到我隱私的天地，遙遠卻又熾熱地關注我城發生的一切。

但上帝的骰子擲出後，祂並不打算收回。命運的機遇和輪盤將我推往浪尖，我一直在浪濤的起伏尋找安身立命之處，路途的險阻與我的信念共舞——有時候能在高處享受和煦陽光，但更多的，是在低谷看著怒海遮天，或摔得遍體鱗傷。

《時代推著我們前行》是繼《青》後，我的第二本中文著作。兩書結構頗為相似，皆是透過敘述我的個人故事，來折射香港的政治變遷；兩本書的下半部則以政治評論為主，讓讀者能以具體案例來感受政治打壓對社群和個體的影響。《時代》由二〇一九年出發，止於二〇二三年，捕捉了我在耶魯留學、回港參選、被逼流亡，以及國際倡議的數年經歷。

在香港民主派被徹底邊緣化後，除了仍然在外努力為香港未來奮鬥的離散族群外，仍有一些倖免於牢獄、或已服刑完畢的同道，依然在香港默默地努力著。也許他們難以大聲呼喊，或直接評論政治議題，但能以各種形式維繫殘破的公民社會，以及凝聚市民，促進人與人之間的樞紐連結，已經難能可貴。

時代一直倒退著，時代如此殘酷，但總有人能迎難而上，於暗無曙光的當下，提醒著希望的可能。

在「國家敵人」的標籤下，依然有很多朋友選擇與我同行，給予我在不同領域發揮所長的機會；在我面對困難時伸出援手，讓我的故事警惕更多人關於極權政府的禍害。

遙望香港，同樣是面對中國共產黨的威脅，台灣蓬勃的民主是最大的防護和武器。台灣不會成為下一個香港，皆因若中共需要吞併台灣，這個國家所面對的後果，只會遠比香港更好，或更糟——這取決於可能到來的戰爭的勝負。當然，維持現狀、穩定局勢有助台灣發展，相信是台灣人的集體共識。台灣人亦不能踏著香港的「屍體」前進——事實上，香港已逝去的只有一國兩制和自由社會，香港依然換了另一個大家不忍直視的外衣存活著，香港人也在新常態下生活。這個城市尚未停止呼吸，仍在城內的，有很多拚命守住某些底線、拓闊某些自由空間。而我們可以做的，就是告訴台灣人香港所面對的鎮壓，讓你們更知己知彼，從而百戰百勝。

歸根究底，香港不是被獵人陳列在大廳的獸皮戰利品，而是與被壓迫的人同在的戰友。我們依然奮鬥著，即使無法高調，即使轉換方式，即使千辛萬苦，即使乏人問津。

此書能於台灣出版，有賴黑體文化的同儕協助，以及一直以各種方式默默支持我的同路人。而此書選擇於台灣出版，當然有其客觀社會因素：任何由「羅冠聰」撰寫的書籍，無論內容題材為何，都必然是在中國和香港的「禁書」。台灣的民主自由是一代又一代以血汗爭取得來，彌足珍貴，也滋養了能夠出版此書的環境。回溯過去，我也要感謝所有守住台灣民主自由的先賢和同輩們。同時，在這段困難的時間，我也感謝伴侶一直在身邊支持——她對世界的好奇和抱負、對台灣和民主的熱愛，協助我構建了此書的基調和色彩。

若果中共希望人民忘記，希望民主派聲名不再，那我們的重要任務，就是要與遺忘鬥爭。正如六四屠城、雨傘運動、反送中運動等，我們不能忘記，也不應忘記。

未來見。

第一部　時代之間

CHAPTER ONE

NATHAN LAW　WHEN THE WIND BLOWS: THE STRUGGLES FOR FREEDOM OF HONG KONG

時代就這樣推著我們前行

時代，就這樣推著我們前行。

我自小在公屋長大，父母都是典型的移民家庭，胼手胝足地養起一個家。幼時我與當清潔工的母親穿梭不同樓宇的垃圾房，執拾紙皮、拿著水喉（水管）沖洗黑垢，也曾經生活拮据，家庭最基本的生活開銷都難以負擔。

一直以來，父母對我的期望都是擁有穩定而快樂的生活，不用像他們經歷飢荒、離異、惶恐，以及生命上處處的不安。參與政治、面對牢獄，或者成為每位香港市民口中的「聰仔」，都未曾出現在我長大時的腦海中。

我的家庭不談政治，也只在很偶然的機會，才因要完成學業功課而細問父親來港的經歷。他在七〇年代末尾偷渡來港，當時整個中國飢荒連連，資源短缺，他所在的農村同樣糧食短缺，一天有一兩塊蕃薯下肚已是美事。那時候在南部窮鄉的所有中國青年只有一個目標：逃，逃到香港去。抵達富裕的香港，是他們唯一能扭轉命運的生機。

偷渡來港，我父親的叔輩同鄉曾在六〇年代嘗試過，那時偷渡失敗返國要坐牢，這個政策卻在七〇年代鬆綁了，造就新一波的偷渡潮。父親聽說有同鄉即使歷經十二次失敗，依然再接再厲，皆因冒險穿過怒海翻波，總比坐而待斃好。那年他二十二歲，於汕尾上船，一隻小舢板坐著十數人，撐起他們希望的船帆是由眾人家中的被單縫紉而成——相當脆弱，卻又是他們僅餘可以依賴的。

船家點好人數，便出發了，有參與撐船的乘客收費便宜一點。眾人攜帶的口糧只有一兩包花生，將就著吃，在一日航行後終於抵達中途島嶼，眾人先上岸央求住戶贈予一口救命水，然後稍作休整再度出發。經歷總計兩、三日的航行，他們幸運地上岸，完成了任務的第一關。

而這一關，很多人都通過不了。航行期間，他們看過發脹的浮屍，也在心中回想隔壁村落所收過的回信，一整個船隊在難以預料的暴風雨中全數沉沒，成為投奔怒海的註腳。能夠抵岸，是運氣，也是勇氣。

然而，上岸的那一刻，他們卻被裝作好心幫忙的蛇頭拐走，要求在香港的家人付出巨額贖金。經歷一個星期在雞寮與綁匪的議價和爭持，最終他成功逃脫並找到親友，由藍田坐車到金鐘，在「抵壘政策」生效時取得行街紙（臨時身分證明書），[1]再也不怕警察在大街上的截查。

行街紙到手便可以立即開工，首日在牛頭角當泥工，一天工錢是六十元，據父親說，這是中國農民一年的收入。八〇年代一天上千元的工資，更是當時中國人民望塵莫及的工資水準。

他再也不用經歷「斷糧」，挖樹皮、出海危釣的日子。

在各種地緣條件下挺立的香港，總是被在此安身立命的人視為舒適的避風港，也孕育了無數影響世界的人才。世界運轉得很快，於二〇一九年開始，中共治下的香港卻成為人們爭相逃離的地方。我的父輩是「經濟難民」，而我則是「政治難民」；上一代對共產黨的憎惡猶存，我們卻要因深愛我城而離開；來到香港是種金的開端，離開香港卻是迷茫的開始。

二〇一四年，就在九月左右這段時間，我的人生泛起了翻天覆地的變化，成為了別人口中的「學生領袖」。如今，遠離家鄉，登上了一些排名、得到了一些曝光，這令我想起過去世世代代的香港人，如何擺脫極端惡劣的環境來到這個富裕之地，再歷經二十載摧殘，淪為社會棟樑爭相逃離的地方。

若有選擇，我倒希望就如父母對我的寄望一樣，成為一位樸實、平凡、無華的人，安靜地為著我愛的人和事付出，在喧鬧中留守在舒適的角落，看著日落，看著天晴。

一切都是時代的潮流，推著一代又一代人，做出他們意想不到的抉擇。而這些痛苦的決定將如何決定人的前路，取決於意志、毅力，以及無可避免的運氣。

1 編註：抵壘政策（Touch Base Policy），一九七四年至一九八〇年，港英政府應對中國人非法入境的難民政策，只要能夠偷渡到香港市區，即可獲得香港居民的身分。

在每一件歷史事件發生後，我都習慣默默地回顧過去——看在舊照片中的我，與如今有何異同，提醒我毋忘初衷之餘，也要日漸進步，適應新的崗位。

十年前的我，中六剛開學，憂心忡忡地準備著令人窒息的高考。那時候，我看著藍天大海，想像在大學無憂無慮的日子。

（寫於二〇二〇年九月十九日，剛離開香港，流亡於英國）

一、迷霧一年

二〇一七年的冬天，一如以往的所有冬天。短暫地服刑後，我保釋上訴，以暫時自由的身分與友人、家人渡過聖誕。參加了一個又一個聚會，分享了在囚的經歷，與同儕發起改善監獄營舍、獄友待遇的抗議活動，我也漸漸淡忘了初入監獄的不安和衝擊。某些經歷會讓你在當下感到痛苦難受，覺得時日流逝得緩慢又折磨，但事過境遷、回顧這些日子時，卻令你發掘到當中的瑰寶，獲益良多。入獄便是如此——當初感到徬徨，但如今卻感恩有這些時光，讓我更了解香港，了解陽光照射不到的社會角落生活著的這批人。

以仇恨和偏見主導的政治猶如將重劑量的腎上腺素注入社群，情緒高漲、敵我分明，但最終在倦怠和無盡的憤怒湧入時，社群為之殘破不堪，只剩下情緒主導的攻擊。優秀的政治家需要強大的同理心和出色的洞見，在民粹狂歡之際仍能保持鎮定，既不忽悠、捨棄群眾，也不盲從可能發生的歇斯底里，穩定地走出屬於自己的政治路徑。在監獄的日子，與背景迴異、日常不會遇見的市民相處，令我對社會有更深一層的認知；也對意見、立場相異的人有更多同理心。

失去議員資格後，我對日後政治路途感到迷茫。在二〇一八年年初的港島區補選當中，團隊全力支持區諾軒，使其成功以民主派代表身分重奪議席。但由於中共逐步干預立法會事務，時任立法會主席亦積極修改議事規則，令民主派在議會中的抗爭日漸艱難，我們在議會中能為民主運動帶來多少能量也成疑問。對我而言，在因宣誓風波、人大釋法介入後而失去議員資格，我也猜想到即使法律上有可能推翻這個決定，但政治上中共也不會讓我再度參選，以議席繼續推動自決、年輕政治等對中共政權穩定帶來挑戰的議題。

未來會引領我前往何處？我一直無法找到答案。在二〇一八年港島補選後，我進入區諾軒辦公室擔任政策助理，也在年初香港眾志的換屆選舉中卸任，結束了兩年的主席生涯，並續以常委身分參與眾志事務。然而，在一連串打擊下，我再也重拾不了當初投入政治運動的熱情——在這個熱廚房中，陣營內外的攻擊、政權的鎮壓、同儕之間或因戰略等因素的摩擦，都使我身心疲倦不堪。事實上，在轉換成為常委的崗位後，我暫離眾志核心工作，專注完成學業和立法會的工作。

過去數年，我仍舊是嶺南大學文化研究學系的學生，尤其是在擔任立法會議員的九個月，我是史上第一位仍然在讀的議員。當時我將上課時數及數目降到最低，每週只需參與一堂課，因此並無影響立法會工作，仍保持完成學業的資格。在出獄後，我便選擇重投校園，在選舉工程、議員助理工作之間，努力將學位讀完。事實上，這是一個非常重要的決定——這滿足我在二〇一九年八月到耶魯留學的必要條件。

二〇一七年十月起，直至二〇一九年，我便在迷茫中，一路跌跌碰碰地度過。回想起來，我也難以憶起印象深刻的時間和事件，整年就像是在迷霧中，伸手不見五指。在未知前路如何時，我也曾投身寫作，創作過劇本，也重新與一些大學同學建立聯繫，縱使他們都早已畢業。回到嶺南校園，以往曾住宿過的Hall D林護堂，曾經熟悉的住宿生早已離去，換上了一批比我年輕五歲以上的住宿生，當中還有人曾誤認我是韓國交換生。

看著宿舍外那棵五層樓高的大樹，它是少數不變的常數。二〇一八年八月初，我與黃之鋒、周永康就「公民廣場案」非法集結等罪名的刑期上訴結果出爐，我們成功推翻上訴法院向我們加罰的數月監禁刑期。這意味著我們的刑罰回歸初審時的社會服務令，而我們早在被監禁前完成相關刑罰。終審法院推翻判決的理由很簡單：他們認同需要對非法集結等罪名有更嚴重的處罰，但由於改變量刑準則不適用於首個個案，因此我們不應被加重刑罰。換言之，假如下次有完全一樣案情的案件發生，被告將會接受最起碼數個月的監禁。

當然，在二〇二四年回過頭來看，香港司法的淪陷遠比加重非法集結等罪名罰則來得令人難以想像，但公民廣場案奠定了這滑坡向下滾的一剎那。我們離開終審法院時，都深知這是公民社會的「慘勝」，贏了官司，卻輸了自由。

在終審案件完結後，我沒有任何案件纏身，也即將畢業，我有出國讀書深造的打算。我努力進修英語，準備前往美國必須的GRE、TOEFL考試，也積極搜集資料，了解有哪些適合我的課程，並聆聽各教授的意見。

我無法料到當時做這個決定，會令自己缺席香港歷史以來最重要的一段時間，並成為在美國奔波的國際倡議者。

但我不後悔，因為我深知我的工作充滿價值，也與我的使命緊緊扣連。

二、二〇一九

二〇一九年三月，我收到耶魯大學的通知，我獲得東亞研究全額獎學金，將於暑天負笈美國修讀東亞研究碩士。

我的父母俱從中國大陸遷移至香港，低學歷、低技術，胼手胝足地養活一家五口。我在家中排行最小，取名「冠聰」，據聞是喻意「冠絕聰明」。然而世事總是事與願違——學業成績不算出眾，也像野孩子般流連屋邨商場，只喜歡與朋友相聚踢球。

小學時就讀了一所親中背景的學校，原因無他，單純是因為它離家最近，之後順理成章地「一條龍」直升同一所辦學團體的中學。辦學團體「香港教育工作者聯會」是民主派社團「教協」（香港教育專業人員協會）的盜版，專門在社會議題上站於北京政府的立場，以「教育界」團體名義發聲，為中共政權塗脂抹粉。每個星期，學校都安排兩至三次升國旗、唱國歌的儀式，亦經常舉辦交流團到大陸參觀探訪，教育我們要報效祖國，要為中國人身分驕傲。

雖然背景深紅、背靠大陸，但這並不代表這是所優良中學——其辦學質素參差，是區內著名的「壞學校」，在中學排名中敬陪末席。學生升讀大學率甚低，亦有一大部分甚至無法讀完高中，輟學打工。在這種環境之下，天資本不聰穎的我學業更為吃力，老師教學缺乏熱誠；學生之間也罕有發奮讀書的氣氛；家庭更沒有資源，讓我報讀不同補習班去彌補以上種種問題。

結果，我跌跌碰碰地讀完高中，公開試的成績不如理想，幾經波折才能考入大學。二〇一八年十二月，在接近五年的大學生涯後，我以二級榮譽完成了嶺大文化研究學系課程，之後直接報考碩士班。

出獄以來，我一直都有種油盡燈枯的感覺，皆因過往數年在社會運動積累的壓力太重，積沉心中，監獄生涯後如洩洪般爆發。我偷得了一些時間回到校園，也讓我感受到裝備自己、再次學習的渴望。

政治工作是很務實的——有時候，我們所習得的政治理論未必能套用在日常工作中；更多時候要與瞬息萬變的大環境互動從而產生動能，這些政治日常是僵固的課程無法授予的。但另一方面，我們也需要充足的學習思考，在人文關懷、社會構成、權力運作、國際互動等領域有概略或深入的認識，才能在窘局中找到出路，或者有足夠的洞察力和創造力捲起新的政治浪潮，迎接大時代中以往未曾出現的挑戰。

因此，二〇一八年年尾，我對知識有股強烈渴求，希望以進修提升學術及思辨能力。這趟求學旅程，必然會改變我在政治工作上的定位，補充以往一直缺乏的政治學、社會學訓練。然而，求學之路，最大的難關是語文能力。語言世界相當殘酷，能學好外語，不外乎從小於良好氛圍下培養，家庭、學校教育都給予充足的支援和土壤，或是自身天賦異稟，對學習語言有著異於常人的才能。

很遺憾地，兩個條件我都不符合。我只能透過多聽、多學、多講、多背，勉強地把程度提升至一定水準。直至今日我仍然認為，我的英語基本功與很多家中條件優渥、在英語環境成長的人，有一段頗難彌補的距離。今日我尚能流暢地用英語交談、接受訪問，都是在成長後因抱有應對國際傳媒的鬥志決心，才苦苦學習、努力得來。

二〇一九年年初，我便帶著相對高於門檻的入學試考核成績與相當非傳統的個人履歷，報讀了四所大學。結果四所大學全部都向我發出邀請，其中包括牛津大學公共政策碩士課程，以及美國東岸常春藤名校耶魯大學。

在考慮就讀哪所學校時，我率先想到中美關係即將有所轉折、進入新的階段，便認為在美國東岸讀書有助我的倡議工作，可以較為方便地前往同在東岸的紐約和華盛頓，當時美國對華政策亦明顯比英國來得更積極進取。結果，我便在二〇一九年三月決定，於八月就讀耶魯大學東亞研究學系碩士課程，迎接我首次在香港以外的生活。

與之同時，社會氣氛開始變得緊張、肅殺。二〇一九，注定是香港大變之年。

二〇一九年二月，香港政府召開記者招待會，宣布向立法會提交修訂《逃犯條例》和《刑事事宜相互法律協助條例》，一般通稱為「逃犯條例修訂」。林鄭政府指提出修訂的契機是源自台灣的一樁謀殺案——疑犯陳同佳與受害者潘曉穎同為港人，二人在台灣旅遊時發生爭執，陳同佳勒斃女方後棄屍並獨自返港。由於台港間沒有引渡協議，因此港府表示需要「修例」，才能將在台灣犯下謀殺罪的陳同佳送往台灣受審。

當然，事後我們得知這只是港府為強推《逃犯條例》修訂的說辭。事實上，台灣當局曾在二〇一八年三次向港府提出司法互助請求，港府均拒絕合作。我和當時的幾位香港民主派議員，也曾飛往台灣詢問當局，發覺港府根本沒有積極配合調查，也沒有與台灣政府討論一旦《逃犯條例》修訂通過後的安排。

從種種跡象可以得知，修訂《逃犯條例》一事是「醉翁之意不在酒」，其真正原因另有內情。於是，民間便開始醞釀另一種解讀：修訂的目的是將香港異議人士、政治犯移交大陸。這讓二〇一九年年初仍處於低潮的香港公民社會躁動起來，民間團體、政黨俱舉辦研討會以及抗議活動，來讓市民得知修訂草案的潛在風險，並為了未來的大型行動做鋪墊。

我當時所屬的政治組織——香港眾志，在政府提出修訂後馬上行動，先於區議會會議等場合提出相關憂慮，質問時任律政司司長的鄭若驊和保安局局長李家超；並於三月「突襲」政府總部發起靜坐，當中九人以強行進入罪遭拘捕；四月我們便著手製作「懶人包」，向市民解釋修訂《逃犯條例》的禍害，也宣傳民間人權陣線（民陣）在四月尾舉辦的反《逃犯條例》修訂的第二次遊行。

從第一次超過一萬人，到第二次有十三萬人參加，民陣舉辦的遊行、集會逐漸凝聚社會反對《逃犯條例》的聲浪，並在六月正式爆發。六月六日，法律界有超過二千五百人參與黑衣遊行；六月九日，民陣第三次反對《逃犯條例》的大型遊行，有超過一百萬人參與；六月十六日，人數更劇增至二百萬人。

香港，正式變天。

六、七月時，幾乎每次遊行我也與其他議員「行孖呔」（巡邏），嘗試以自身名銜來發揮所剩無幾的緩衝功能，去減少警民衝突的嚴重程度。那時的衝突，當然不會比中大之戰激烈，但站在最前線時，我也與很多其他示威者和記者一樣，見證過槍林彈雨。

當時，我內心交戰：對香港，的確是不捨；但到頂級學府以及美國遊說的機會，對運動中長期而言更有助益。最終在衡量利弊後，我決定在八月起行。事實證明，之後在美國參與的遊說工作，以及長遠的國際戰線上，負笈耶魯讀書的決定確是發揮了奇效。

回到八月，學期尚未開始，即將要準備參加迎新日，認識這個從未接觸的世界。我遷入的耶魯宿舍對外是大學商店街，在暑假時顯得格外寧靜，只有疏落人流在便利商品購買日用品。那時我伏在桌上，看著窗外猛烈的陽光，心想著香港，也想著未來，有種不知如何是好的感覺。

三、無盡抹黑

八月中，我前往耶魯升學的新聞突然在中國大陸爆紅。原因無它，中國政府的輿論機器全面啟動，將一個栩栩如生的故事套在我的身上：「港毒頭目」、煽動「暴力衝擊」的「領袖」留下一堆「被蠱惑」的年輕人，跑路到「美國爸爸」的大學去了！

這些標籤，全部錯誤。

「八月十八號的遊行一定會有暴力清場發生，他才跑得那麼快！」

有八千萬訂閱戶的中央電視台（CCTV）將事情放上微博後，很快便傳遍整個中國牆內的網路世界。所有人都探問誰是「港獨頭目」，咒罵我煽動別人，「成為領袖卻跑路了」。有些人更開始創作我的心路歷程：說我在深圳的祖屋被強拆而上訪失敗、有一棟價值超過一億的深圳豪宅被政府沒收才開始維權，跑到香港進行我對中國的抗爭……

這些全是假新聞，荒謬絕倫。

但是在中國，這些言之鑿鑿的理論都毋須證據，只需要在「政治正確」的前提下，獲得黨的祝福，就可以肆無忌憚地抹黑攻擊。結果，我所有社交媒體帳號（在中國要翻牆才能連上的）的貼文下都充斥著虛假資訊、仇恨言論，訊息收件匣亦堆滿了各種惡毒的話語，有些更是明目張膽地威脅我的人身安全，說要帶槍到耶魯校園將我擊斃。結果我必須向學校、警方報備，在任何意外發生時有適當的應對方法，而這些威脅言論甚至獲聯邦調查局（Federal Bureau of Investigation, FBI）的關注調查，最終確定大多數帳號都是身處境外，才暫且結案。

欲加之罪，何患無辭？民粹揉合國族主義的輿論攻勢迎面向我侵襲，我臉書（Facebook）的貼文最高竟有一萬五千多則留言，配合著全天候的抹黑和謾罵。當中有很多明顯是假帳號，他們除了來我的貼文留言外，帳號並無任何紀錄；也有些是身處國外的中國留學生，即使身處擁有言論、新聞自由的社會，依舊相信中共的洗腦教育，在這些「大是大非」的議題上完全失去獨立思考能力。這些中國網民如此不堪的謾罵和抹黑，又談何叫人尊重？

事實上，我在三月時就已接受了耶魯碩士課程的錄取，指我在八月中時臨急臨忙「逃跑」、「躲到美國」，是絕對不符現實。況且，我也是遵從美國大學的公開招生程序，接受了相關的考核、公開考試。如果去美國就是「叛國」，很多在美國駕駛奢華法拉利的紅二代、商二代、官二代無疑是這種「叛國情懷」的佼佼者。

在開學前的一陣亂象後，事情稍微平息。我在十一月下旬參與了六場演講，當中有些有中國留學生到場示威，他們用以諷刺我的其中一個標語便是「消費運動」才獲得耶魯的入學資格。他們都是經歷過入學申請的人，理應非常清楚何時報名、獲得通知，以及決定入學的截止日期；我也早在三月便公布了我留學的決定。在時序上，「消費運動」的指控毫無道理。這些人本應是能在海外留學的聰慧學生，怎麼面對官媒鋪天蓋地的宣傳，腦袋就突然短路，連如此簡單的邏輯謬誤亦無法察覺？

「籠裡出生的鳥認為飛翔是一種病。」

也許，中國建立的言論禁區以及無可質疑的主旋律，不單框限了小粉紅的認知，更將局限思考邊界，一旦觸碰中國政治紅線或是違背統戰宣傳的討論，他們最基本的思考都會自動消失。這可能是出於自我保護機制，認知到只要越過紅線就會遭到嚴厲懲罰，因此避免談論中共禁止的議題成為反射動作；或者可能純粹內化了中共的宣傳，認為任何挑戰共產黨政權的人都會顛覆他們享有的「和諧穩定」，成為中華民族的敵人。

當這些留學生學成歸國，多是人中之龍，承擔著管治國家的工作——充斥如斯缺陷的菁英階層，這個國家，會有未來嗎？

與此同時，經歷了林林總總惡毒無理的抹黑，仍有些中國學生主動與我攀談，指他們理解香港的民主運動，並支持民主自由等普世價值。自由派中國留學生並不能高調地表達他們的政治立場，即使他們無意回國，但其身處中國的親人都會在中共政治連坐的懲處下，受到牽連。即使到場觀看演講，他們也無法發表意見，只能默默地坐在一旁，看著前來示威的小粉紅們拿著荒謬可笑的橫幅示威，然後暗自嘆息搖頭。也有些甚至過於擔憂，在演講後親自跟我道歉，指無法出席的原因是他們害怕被同學檢舉，連累家人。我不禁感嘆，中共透過威脅家人、學生前程來控制海外留學生以及中國人的程度，已達無遠弗屆、無法無天的程度。我為這些信奉自由民主，卻無法發聲的同道感到惋惜。

我們不能低估網路高牆、共產黨洗腦機器的統治能力，但同時亦不能無視個人的反抗潛能，掙脫思想枷鎖的能力。也許距離要讓大部分中國留學生意識到中國共產黨的暴虐本質，仍尚有一段距離，但我深信只要尚有空間潛移默化其中一部分，我仍會抱有最大耐性面對。這正是我身為一位香港抗爭者，所能以身作則、以行動改變的世界的一種可能——縱使成效不彰，但我們還是要嘗試，不是嗎？

面對種種抹黑和攻擊，尤其是演變成小粉紅到場示威、警方貼身保護這種程度，總會覺得中共小題大作，也耗費了我大量心神。但我卻不討厭有這些衝突——若果雙方交鋒能突顯誰文明、誰野蠻，那些毫無證據的指控只會讓他們掉入自己設置的陷阱，讓更多觀眾知悉中共的下流手段，那麼我也願意抵受這些壓力，繼續我對香港民主的倡議。很多時候，贏取一場爭鋒並不需要讓對手完全投降或者認錯，在公眾層面上，只需要讓旁觀者感到你以理服人就足夠了。

四、遠方求學

我在耶魯修讀的是東亞研究碩士課程，該課程設有一年制以及兩年制，前者多是讓在職人士進修，後者則是比較注重學術訓練，就讀學生多是有深造博士的準備。

我就讀的是一年制課程，並帶著是否應繼續往博士深造的念頭就讀。然而，開學不久，觀察到博士生朋友的生活節奏以及面對的學術生涯規劃，便認為自己並不適合於現階段攻讀。在美國，博士課程普遍要花費六年完成：首兩年是個碩士學位，之後則要通過數個測試，才能正式成為博士候選人。博士論文通常是在某個狹窄的領域進行深入研究，能理解並且對該題目感興趣的人可能非常少，變相地，博士生要以六年光景投入在一個觸及人數有限的領域，令我覺得難以在刻下投入相關的時間及精力，影響倡議等工作發揮。當然，未來當客觀環境有變時，重回校園攻讀博士學位，也未嘗不可。

故此，即使在首個學期後因我的成績優異，學系決定發放翌年的獎學金，鼓勵我繼續學業，但經過一連串的思考和掙扎後，我還是婉拒了這份好意。我的耶魯碩士生涯因此在一個學年後便正式完結。

東亞研究學系的課程是相當具彈性的，適合對區域研究有興趣、卻又喜歡涉足不同學科的學生。與很多其他專科的課程相異，東亞研究的課程沒有固定的必修課，皆因以地域為研究目標時，涵蓋的學科知識可以非常廣泛，由人文學科、社會科學到金融商業等，都有可能包含學生的興趣範疇。例如我就修讀了關於東南亞人權、社會文化狀況的科目，令我對整個區域的公民發展、社會建設的程度都有基礎認識。因此，強行加設必修課的話，反而無法顧及學生研究領域的需要，變相令部分學生浪費了寶貴的學習機會及時間。

因此，在學期開始前，各個碩士生都有上網選科的時段，我們稱之為「Shopping Period」，意指在琳琅滿目、如超市百貨般的不同學科中挑選心儀課程。假如這個學科有涵蓋東亞元素、或是期末論文課題是有東亞相關的，都能夠讓東亞研究學系的學生修讀。我修讀的某些學科是相對專門的，例如政治學系的民主化理論、國際關係中講外交理論，在課業上都是以東亞國家或地區的分析文章為主，以符合學系修讀學科的要求。

在眾多學科中，我選修得最多的是人類學科，當中對社會文化的觀察令我更能掌握社會脈動，對政治工作有意想不到的助益。在這一年的求學生涯中，發掘出我對人類學研究的興趣，是出乎意料的收穫。

然而，即使我很清楚這一年的學術訓練會對我有很大益處，重回課堂還是相當吃力的。從事政治工作與在象牙塔中鍛鍊學術能力，是兩件截然不同的事，需要不同的技能組合及精神狀態。尤其是我就讀嶺南大學時，大部分時間都分配至參與學生運動上，根本無暇於學術訓練；在缺乏根基的情況下，還要在一所享負盛名的院校就讀，這的確是很大挑戰。

一個學期讀四科，平均每科每星期的閱讀量是一百五十頁，一個星期就要讀至少兩本英語學術著作的份量。在學期初，我的生活便圍繞著香港抗爭運動及學術訓練，將社交生活完全拋諸腦後。

在耶魯的生活中，民間外交、國際倡議、學術工作這幾個範疇都已經佔據了我的日常，在一整個學年都沒有參加擴闊人際網絡的活動，確是有些惋惜。但世事總是不如人意，身負重任之際，時間也是有限的，我只能先將事情按優次先後排序。而在如此重要的時間離港，念茲在茲的，都是香港抗爭的一切。

幸好接近一整個學年都安然渡過，並且拿到不俗的成績，總算對東亞研究所以及自己有所交代。即使學業不代表一切，我還是覺得提升自己、貢獻世界，是具有責任感的表現。我期待自己是知行合一的人——在生活的每個細節上，包括學業，我都抱有如此期望。

五、寒冬將至

與位處溫帶、四季和暖的美國西岸不同，在東岸讀書必需面對寒冬大雪的挑戰。每年大約九、十月，耶魯便步入寒冬，日照時間大幅縮減，最短時大約下午五點太陽伯伯便日落西山。耶魯初雪，是在某個我於體育館運動後的夜晚出現。

大雪來得很急——本來我以為下雪就如溫度變異一樣，一天比一天炎熱或寒冷，逐漸變化，怎料它卻像狂風暴雨一樣，瞬間將至。兩小時前仍無飄雪，當我從體育館走到街上時，白雪卻已淹至腳。我踩著軟綿綿的雪粒，在好奇心驅使下伸手挖進積雪，拿起雪堆並將其搓成球狀。不知為何，我一直以為純白無暇的雪應擁有著如雪糕般絲滑的質感，將其捧在手上才發覺它表面粗糙，像是被磨得很細碎的冰粒。雙手合攏，將雪球壓縮時，它會變成一個更堅硬的球體，而非像流體般從指縫間流走——這對我而言，是一個破除想像，還原現實的過程。

寒冬刺骨，大雪下的小鎮美不勝收。光禿的枝椏掛起白霜，一顆顆飄落的雪點在昏黃街燈照射下，彷彿滿街都是醉醺的夢幻。在雪上一步一步刻印在雪堆中，足跡卻又霎眼消失不見，像戲法一般。慢慢從體育館走回宿舍，打開大樓的電子門時，大廳湧出一股暖氣，大樓的恆溫系統將我拉回現實。

坐在房間窗前，看著飛雪掩蓋街邊、行人快步走避的景色，是充滿新鮮的感覺。一覺醒來，夜裡的蒼涼被陽光驅散，校園的工作人員老早便在街道撒上溶雪的鹽，希望在學生趕路上課前開出一條可供行走的通道。校園的剷雪機也陸續出動，將道路上的積雪剷至一旁，以免汽車因打滑而發生意外。學生們當然也要整裝待發，最重要的是一雙防滑靴以及防風大衣，包裹著身體所有外露部分，艱難地走到充滿暖氣的課堂。

第一個大雪紛飛的冬天並沒有為我的生活帶來太大的困難——沒有抑鬱、沒有著涼、也沒有太大驚喜。初時我會為每天的白皚感到驚嘆，但一個星期過去，新鮮感所伴隨的讚賞都已消逝。但它替我添上一筆多元經歷——我感受到在香港不可能出現的溫度、我看見香港無法展現的風景。這些經歷拓闊了我的眼界，令我得知世界上不同的文化寶藏，有時也令我更能對照出香港的善與美。

風景如是，學術如是，同儕如是，社會如是。開拓新的認知，永遠有利無害。

二〇二〇年三月，我因COVID-19疫情在全球爆發而回到香港，並遠距完成學業，成功取得耶魯大學的東亞研究碩士，並參與了香港民主派於二〇二〇年的初選。

首場冬雪過後，我怎也想像不到二〇二〇年的聖誕，我竟也在一個降雪的地方度過。不同的是，我再也沒有恆溫的宿舍庇護，需要擠進暖氣好似有點壞掉的小房間。

這次，我沒有選擇。我在美國進修的經歷，意外地讓我準備好離港生活，令我能面對嶄新而複雜的形勢和挑戰。

此時此刻，最大心願，除了希望不要著涼染病，更希望能回到香港，過沒有雪的聖誕。

第二部 流亡

CHAPTER TWO

一、兩道閘門

二〇二〇年六月中，我一直在不同的安全屋轉移。

三個月前，中共明目張膽表示會繞過香港所有諮詢和立法程序，直接實施港版《國家安全法》（即《港區國安法》）。二〇二〇年初，因應疫情轉趨嚴重，香港政府禁止市民於日常聚集，同時亦將此緊急權力用於壓制市民集會權利。在疫情和「限聚令」的雙重打擊下，香港抗爭日漸息微，市民亦將重心放在抗疫工程。狼子野心的中共嗅到扼殺香港公民社會的絕佳時機，便順勢在短時間內推出嚴刑峻法，確保香港政府及國家機器擁有幾乎可任意將抗爭者治罪的「口袋法」，撲滅任何示威的火苗，一勞永逸。

於是，《港區國安法》被提上日程，時任行政長官林鄭月娥甚至曾向傳媒表示，她在《港區國安法》細則公布前也與其餘香港市民一樣並不知道詳情。一個完全顛覆香港普通法傳統的法例，就在所有人都被蒙在鼓裡時，猶如聖旨般降臨我城。

《港區國安法》於二〇二〇年六月三十日公布，當時所有活躍的政治組織者都感到如臨大敵，前路相當迷茫。到底這只是一個備而不用的「尚方寶劍」？或是會滲透到日常生活所有角落、猶如中國大陸濫用「煽動顛覆國家」罪名一樣，將所有批評政府的聲音關進大牢？從歷史得知，《港區國安法》是屬於後者，用以消滅反對聲音達致「社會和諧」的積極手段。但在《港區國安法》公布前夕，未知和不安籠罩香港，我們也不禁猜測，當《港區國安法》正式頒布時，所有香港政運人士會不會突如其來被「一網打盡」，甚或立刻送中。

因此，在整個六月，我就已經對個人安全狀況相當警惕，也開始轉換居住地點，避開潛在的監視。驟眼看來，這或許有點使人覺得我像驚弓之鳥，畢竟事後也知道政府的拘捕行動不如預料般電光火石；但他們企圖將香港反抗勢力一網打盡的野心，還是能在事後以不同案件大規模搜捕香港民主派一窺究竟。

距離六月三十日公布《港區國安法》尚有兩個星期，此時我大約已經知道，我會在六月底離開香港，也許這是一條「不歸路」——但這個決定並不能帶來解脫的感覺。一來曾有離境者被機場海關攔截的案例，我或早已在政府的黑名單中，因個人的政治立場而被限制出境；二來就此離開一個我曾立志為它的未來和自由奮鬥的城市，心有不甘，亦對未來感到徬徨。離開了香港，我仍可如預想般繼續為它發聲嗎？香港的支持者和市民，又會不會反對這個離開香港的決定，認為這是對理想的背叛？

在離港前夕，夾雜著思想上的渾沌以及對人身安全的擔憂，我不斷穿梭在港九新界的每一個角落，看著香港都市繁華、小城冷清的每一幀畫面，不由得衍生出千種感覺。我在思想和情感上超出負荷，使我日漸感到疲累之餘，也有更強烈的末日感。

那段時間，仍是二〇二〇年民主派初選的宣傳時期。我預計一旦未來被香港政府通緝，知悉我離港決定的人或會惹上官非，被指控協助我離開香港。因此基於安全考慮，我並沒有與團隊、家人商量，內心藏著一個大秘密，但又貌似如常地過活。

這並不容易，也並不好受。

那段時間，我特意相約很多熟悉的好友見面聚餐。雖然香港與外地的交通非常方便，但有些好友被捕後旅遊證件被沒收；當時也正值疫情，尚未開放，在海外相見也不容易。我與他們聚首時，便暗暗感嘆不知何日再見。

六月二十五日，我最後一次離開在東涌的家。那是一頓很漫長，又很快速的晚飯。內心的糾結影響了時間的流逝，使它變得絕對主觀；理性和感性對現實的詮釋被不安和不捨打亂，我想留住眼前一刻，奈何卻深明時間終將向前。我仔細地觀察餐桌上的一切，卻又非常清楚，我最好快一點忘掉。

由於我早已與家人分開居住，不時都會帶來行李箱出入，在享用過晚飯後，我徐徐收拾行囊，準備起行。當時擔憂在機場可能會被海關或警察攔下，因此我將所有電子儀器都清乾淨，只帶了一個背包以及手提行李箱，盡量輕裝上陣，減省它們被沒收時的麻煩。

眾志的年宵外套、監獄的書信、幾件替換衣物……很多富有紀念價值的物品，包括立法會議員時期的文件、《青春無悔過書》贏得的書獎等等，都要被遺留在家，等待一位不會回來的主人。

之後我重新回到安全屋，收拾好心情，等待出發的日子。

我記得那天起來，就好像二〇一七年準備上庭迎接公民廣場案判決一樣，周遭事物色彩變得鮮艷，五感特別靈敏。二〇一七年上庭前，我們早已知道唯一的判決結果是入獄；二〇二〇年啟程前往機場前，無論是登上前往倫敦的客機，或是會被拘留在邊境，雖然處境大相逕庭，但對我來說，都是猶如二〇一七年般糟糕透頂的結果。

我的人生，就像是一根浮木漂浮在名為香港政治的急流上，在身不由己的客觀環境下，做有限的自主決定。一顆爛橙和一顆爛蘋果擺在眼前，我只能選擇其一，然後接受自己的決定。

戴著一頂漁夫帽，我乘坐計程車來到機場，守在門口的警衛查看了我的登機證後，便讓我通過。當時機場仍實施疫情下的出入限制，只能讓持有效登機證的乘客進入，連飛機接送都有非常嚴格的規定，務求減少人群聚集。我順利進入機場，意味著我有驚無險地通過了第一個檢測。

航空櫃檯登記，成功通過。從離境大廳進入禁區之間，相隔著檢查香港身分證的電子通道。通道是由兩道閘門組成，將身分證插入機器檢查，驗證成功後取回身分證，第一道閘門會隨之打開，進入後你將被困在兩道閘門之間。設計原意是讓入境處職員以最有效的方式將嫌疑人士拘留，但這道本應只花三十秒的程序，卻成為整個行程中最令人膽戰心驚的章節。

通過第一道閘門後，我需要在機器上驗證指紋。我按著指示將拇指按上，而本應打開的第二道閘門，卻遲遲沒有反應。

三十秒、一分鐘、兩分鐘……沒有反應。

閘門的顯示器沒有任何特別標示，只是要我耐心等待。這段時間裡，我腦海快速模擬了多個可能性：是我的拇指太乾燥導致檢測不良嗎？還是我離境程序觸發了黑名單警報，警察正在火速趕來？或是我的模樣太過可疑，觸發職員的隨機檢查？

缺乏資訊的我表面冷靜，實際額冒冷汗，度過了人生中最慢的幾分鐘。

實際時長我也忘了。那種情況，是不可能冷靜地計算自己等待多久，然後再盤算日後將這個細節寫入書中。

不可能。

當我心急如焚時，第二道閘門打開了。沒有警察，也沒有入境處職員等待著我。我拖著手提行李箱，走到閘門口附近的椅子，面對停機坪、背對走道，靜靜坐下。在二〇二〇年，由於已有一批批示威者在面對司法程序前嘗試離港，因此機場登機閘門不時有便衣警察巡邏，隨機審問容貌年輕的登機乘客，捉拿那些「漏網之魚」。亦有其他案件，是當飛機在跑道準備起飛時，已順利登機的示威者被警方在機上逮捕，無法離開。因此，即使完成了離境手續，在起飛前我都無法定下心來，只能鎮定地看著跑道上的飛機，幻想著它起飛的一刻。

結果我沒有被盤問，成功登機，坐在乘客相對稀疏的客機上，靠著窗戶，緊緊抓住眼前香港的面貌。飛機滑行，在跑道上加速，機身傾斜，我的視線拔地而起，看著萬家燈火的香港夜景。

這是全世界最美麗的畫面，在我心中無可取代。

飛機穿過雲層，我的眼淚也隨之落下。流亡成為事實，下一站是倫敦。

我又會迎接一個怎樣的人生？我看著眼前的星空，思索著這個沒有答案的問題。

二、肝膽崑崙

友人說我是在倫敦最好的時間到來。這一個月日照極長，早上五點太陽正盛，直到約晚上九點才緩緩落山。還記得當天我抵達倫敦時，感覺極不真實：上一次我踏出希斯洛機場，香港仍未有一九年抗爭運動，還抱著對民主運動的希冀，來到英倫演講。

二〇二〇年六月尾，英國政府剛放寬防疫規則，朋友終於可重新聚集，酒吧等社交場合也有限度重開。前來迎接的友儕打算使用Uber服務，卻發現機場周遭都沒有待命司機，只好登上了倫敦著名的「黑的」（Black Cab，倫敦特有的計程車），享用價值不菲的舒適服務。看著比我心跳更快的跳表速度，我的心也隨之緊張起來。

飛機起飛的一刹那，我才放下心頭大石，認真思考「流亡」所謂何事。二十一世紀網路世代的流亡，與上一個世紀截然不同——我們有社交媒體縮短與香港受眾的距離，很多不在新聞上的社會脈動資訊也能從不同的論壇、討論群組獲取，不至於對香港日常完全脫軌。在此之前，香港公民社會對政治領袖流亡一事仍是相當陌生（即使其實早已有流亡海外的港人社群領袖）——我可算是因應《港區國安法》生效的「第一滴血」，很多香港市民在得知我流亡離港後，才第一次思考相關課題。

對國際媒體而言，一位高調離港的政治領袖，是讓外國讀者直截了當認知香港自由受威脅的重要範例。在《港區國安法》落實前，曾有些評論認為這只是束之高閣、備而不用的「壓箱寶」，然而當有政治領袖出逃時，白色恐怖的範圍得到確認，民眾對《港區國安法》的憂慮也加倍證實。

往後人生旅途，難言有「前車之鑑」，只能摸著石頭過河，測試在二十一世紀、二〇一九年捲動國際的社會運動後，海外公民社會領袖能有多大的政治能量，以及如何可以令香港議題的國際熱度繼續燃燒下去。大部分市民都是在我抵達英國一段時間後，才知道我流亡的消息——由於離開香港時不希望打草驚蛇，故此我也沒有立刻公布我的去向，好讓自己有一點喘息空間，整理在英國的住所和工作。

在七月初至七月中，我離開香港的消息漸漸傳出。我在以視訊出席二〇二〇年七月一日、香港主權移交二十三年的美國國會聽證會後，公布了離港的消息。在臉書的貼文，我寫道：

……面對如此形勢，我深信必須要有國際視野的政治人物做出抉擇，在民間外交層面以港人的身分發聲，令各國警惕中共威權擴張。因此，我在答應出席聽證會並決志日後承擔這種責任時，就已有走到國際的準備。

……正道不孤必有鄰。七一的人海，已證明香港人的抗爭不會止息；現在，就要想如何延續三條戰線，在最暴烈的打壓下，環抱著最頑強的燈火。

今此一別，尚未知歸途何期。從飛機望下香港的繁華璀璨，是我心目中難以忘懷的一幀剪影。願他朝有幸，半生歸來，仍是那位無忘初衷的少年。願香港安好，願榮光早日到來。

在貼文下，好些朋友都留下「去留肝膽兩崑崙」的留言，此句摘自清末烈士「戊戌六君子」譚嗣同的絕命詩。在維新運動的戊戌變法失敗後，曾有人遊說他前往日本避難，但他卻拒絕並執意留下，最後被捕。在獄中，他與許多維新同黨深知無法倖免，於是寫道：「望門投止思張儉，忍死須臾待杜根。我自橫刀向天笑，去留肝膽兩崑崙。」

他援引了張儉、杜根兩位歷史人物逃亡的事蹟，帶出無論是慷慨就義，或是在外逃亡、繼續改革工作的，都是肝膽相照，擁有如崑崙山般的崇高精神。如此比喻，正是指涉留在香港的眾志同伴，包括被認為是「國家敵人」的黃之鋒，和正於英國流亡的我。

只是，在看到這些留言時，我不禁自我拷問：我能夠兌現別人對我厚重的期望嗎？

當時正是《港區國安法》剛剛落實之際，警方亦已在七月一日的遊行正式使用《港區國安法》拘捕示威者，包括「國安法第一案」的唐英傑。而其餘政治領袖，亦逐漸憂慮這項法案，會不會最終用在「思想犯罪」、以言入罪上，令他們即使實踐最基本的自由權利，例如爭取香港民主政治、批評政府，最終也會被以「威脅國家安全」之罪判刑入監。這段時間可謂人人自危，社會大眾都在摸索《港區國安法》的界線和涵蓋狀況。

與之同時，我在英國遵守了兩星期入境隔離指令，處理了無數接踵而來的訪問，亦日夜在電腦旁盯著香港的最新發展。這種忙得焦頭爛額、接近日夜顛倒的生活，再加上到陌生地方重新適應，也導致我身體有些小毛病，幸好調整生活節奏就可以處理，並無大礙。

直至相繼兩次搬遷後，我才能放鬆自己緊繃的精神。倫敦擁有很多座落於市中心的公園，華美廣闊，非常容易步行前往。在這些碩大的草坪上，遊客或居民都成群結隊休息、聊天、聚餐，小狗隨處亂跑，踢球的孩子們不亦樂乎。這是在香港不可能看到的風景——市區的綠化帶因土地不足而變得稀少，加上管理主義盛行，在這些草地上都有一堆被禁止的行為，連在草地野餐都要小心翼翼，慎防違例。

我坐在公園的長凳上，開始望著天空的雲層、暮色更迭，也觀察著市民的互動，想更了解這個地方的文化特色。即使我是被逼流浪在這個地球角落，但身為「客人」，認識當地的文化規則、生活點滴，是我的義務。我很幸運地擁有相對厚實的英語根基，日常溝通不成問題；但待人接物的微小相處，卻是必須深入了解當地文化，才可掌握。在耶魯讀書、美國生活了七個月，到最後才感到對這個國家有一點基礎認知。嘗試融入，過程絕不容易，只有抱著開放的胸襟學習，才能無礙地生活在他國土地上，並得到當地社群的尊敬。

面對重新適應生活、香港政局惡化，加上人在域外、難以支援的無力感，英國流亡生涯的開端，充滿複雜難言的感受。

三、光輝歲月

二十一世紀的流亡，有它特別的模樣。近代在華語地區比較熟悉的流亡世代，便數天安門屠城後離開中國、流散各地的八九學運領袖。時代變遷，所處的脈絡也大相逕庭：二〇二〇年，網路非常普及，即使遠離故國，與群眾的距離也不如三十年前般遙遠。再加上大量港人因政治原因外移，催生了活躍的海外政治社群，流亡政治領袖對原居地的影響力，自然能相對提升。

這也代表前人經驗未必能搬字過紙，用以參考；在二十一世紀，走在流亡的路上，就像摸著石頭過河，既無法得知急流的下一步，也難有清晰指引。離開香港，除了是逃避中共的迫害外，對於每位漂流在外的人，嶄新挑戰隨之而來。幸好，在這條路上，我獲得很多前輩的支持指引，有些是在公共層面比較低調，有些是大家耳熟能詳、在香港歷史上的巨人。

大家對彭定康（Chris Patten）的印象，可能定格在英殖香港最後一日登上不列顛尼亞號（Her Majesty's Yacht Britannia）揮手道別，或是沒有隨從保鏢的保護下走入人群享用蛋撻。我在一九九九年、主權移交後才隨母親移居香港，我當然沒有親身看過那些港督巡區、人潮洶湧的場面；我對彭定康的印象，除了在歷史文件中翻閱外，便是來自近年的親身接觸。

「肥彭」（港人對他的友好暱稱，並無貶損之意）是叱吒英國政壇的大人物，擔任港督前曾任英國內閣大臣以及保守黨的主席，卸任港督後便獲委派出任歐洲聯盟外交事務專員，以及牛津大學校監。在出任芸芸眾多公職後，他始終以擔任香港最後一任港督是他政途中最大的榮譽；即使近年年事已高，仍頻頻就香港議題發聲，可見他對香港的關注是發自內心的。

以往我即使在香港政治運動活躍了數年，與彭定康的直接接觸還是相當稀少。在論壇上曾碰過面，也在計劃進修時透過電郵詢問過他的意見，但再也沒有過多接觸。在我公布身處倫敦後，我便想起趁在英國，應該向他拜訪，了解他對時局的分析之餘，亦好好感謝他在香港的付出（畢竟在殖民地時期最後階段，彭定康港督的確盡力透過政治改革來實踐民主化），以及過去對我的鼓勵。

因此我便向他發了電郵，旋即收到回覆，並叫我致電予他。噓寒問暖後，便直接約定日子，去到他的府上拜會、暢談。我記得那天中午陽光明媚，坐著火車到倫敦市郊，很快便找到他家的門號，是一棟前門有泊車空間的兩、三層建築，簡樸無華。我按門鈴前還反覆確認是否與他給我的地址吻合，生怕按錯門鈴鬧出笑話。

結果開門的，是抱著小狗的Mrs. Patten（彭定康夫人），她的腳邊還有另外一隻依傍著，急不及待地衝出來向客人討摸。我已經忘了兩隻小狗的名字，只是覺得眼前的彭定康夫人活像從照片中跑了出來，帶著與港英年代相差二十多年的歲月痕跡。在那些她與彭定康共同出現的陳舊照片外，我就沒有在螢幕前看過她的模樣了。

Mrs. Patten開門容我進屋後，彭定康便從客廳走過來打招呼。看到他的時候，我也結巴起來，生澀地打了招呼。相距二十多年，在大家的腦海內，他的相貌也許還停留在壯年時那副精力充沛的樣子。在眼前的他，已是七十六歲的老人家了，一步步、緩緩地引領我穿過衣帽間和書房，介紹著地下擱放的港督日記（即日後出版的《香港日記》書稿），然後到小花園中，吃力地搖動張開陽傘的把手，我們就這樣在傘蔭下交流了一個小時。

中英、香港、國際政治都聊了一圈，由脫歐講到疫情，由民主退潮講到經濟衰退，都深深感受這位政治家尖銳的分析。最有趣的，莫過於當我分享在耶魯大學進修時的經驗，講起我專門進修讀人類學時，他對此有著與其他人一樣的疑問：你不是應該去讀政治、國際關係等與你的倡議工作比較相關的學科嗎？

我的答案是人類學講求觀察力以及同理心，以小見大、見微知著，也能培養更優秀的洞察力去了解群眾間在文化上的異同，其實與政治一樣是面對群眾的工作。近年政治的缺失乃是政治領袖缺乏對群眾的理解以及重視，而人類學的訓練正填補了這種空缺，令從政者更有胸襟、視野去面對族群之間的矛盾以及衝突，尋找化解分歧和融匯向前的方法。他似乎很滿意這個答案。傾談了逾一小時，我便心滿意足地起行離去。我們之後也經常以電郵聯絡，他相當關心香港的年輕人以及我們這些流亡者的狀況。

從接收難民的「希望之城」，到如今香港人因政治打壓而流亡海外，香港歷經了幾許轉變，難以在此書盡錄。有些香港人認為英殖香港的最後十年是「最後探戈」，代表著香港最光輝的時代，也映射著在一九九七年主權移交後，眾人對中共治下香港的失望和痛心。香港主權移交二十多載，許多殖民時期的痕跡陸續被抹去，在高唱中共主旋律的政治環境中，殖民時期的經歷也只會被簡化成為「外敵入侵、港人受苦、愛戴回歸」的三部曲。然而，香港的歷史又豈會如此簡單？

當然，殖民時期是歷史中黑暗和殘忍的一頁，但歷史學者普遍認同香港的被殖民經驗相當獨特，大英帝國以香港為東南亞、中國的殖民前哨站（Colonial Outpost）和經濟跳板，讓它在二十世紀下半葉時經濟起飛，成為全球最頂尖的國際金融中心。它的成功難以被複製；一旦失去，在如今的國際局勢下，將沒有機會重拾它的榮光。

我沒有「殖民情意結」——我從未在英殖時期生活，更遑論想念那個時期的輝煌。我最渴望的是香港人能夠自治，真正實踐「港人治港」，而非被不顧港人利益和權利的政權操縱，成為某國某政權的附庸。對不少港人而言，一九九七年的國旗轉移，或許代表著由一個殖民政權，移交到另一個手中：兩者都從未得到香港人授權，兩個香港政府都沒有經人民票選。英國是民主國家，英殖香港的管治有下議院的監察；而中國，就只有高度集權的共產黨，香港的發展必須要附和中國的政治主旋律，港人的利益可隨時放棄。

假如歷史是一場探戈，那麼前進後退，都是兩位舞者律動所致。香港人從紙醉金迷，到公民覺醒，再到全民抗爭，公允地說，是與它共舞的他者步步進逼所致；部分香港人對彭定康，或者英殖香港的掛念，其實都只是懷念仍然可以和平共舞的日子。

一位代表著香港「流亡時代」的年輕倡議者，遇上「光輝歲月」的最後守門人，兩人都只能握腕長嘆。

香港，曾經是一座多麼美好的城市。香港，曾經是如此燦爛的標誌。

【插曲】足球故事

從與香港接壤的中國邊境城市深圳，搬到香港新界北部的屯門大興邨時，我才六歲。一九九九年，那是千禧年前的餘暉，我還記得在大興邨一伙不足三百尺、沒有房間間隔的單位，一家五口看著小小的電視機螢幕，被維港璀璨的煙花所震驚。由屯門大興邨搬至相對偏遠的大嶼山東涌逸東邨，作為新市鎮的「開荒牛」，政府以較大的單位補償我們，於是我有了同哥哥分享的房間。在舉家遷入逸東邨時，我仍在屯門就讀小學二年級；時值學期末，我每天都要由哥哥帶領，乘坐巴士再轉輕鐵上學。我已忘了路途時長，只記得當時在早會排隊時，我拿著輕鐵車票向同學抱怨的場景。

在自成一角、交通不便的東涌長大，欠缺娛樂、課餘活動，年輕人很難不「流連街頭」。東涌是個孤島，市鎮內沒有什麼設施，要前往鄰近五臟俱全的市鎮，例如荃灣及旺角，車程至少一小時，車資也不是住在公共房屋的我們能輕易負擔。被困「圍城」，友儕的影響便相對龐大。當時朋友間最盛行的，除了電腦遊戲，便是到政府轄下的公共操場及球場踢足球。

在孩童玩樂的年紀，雖是天真爛漫，但也現實得很。翻查我過去的學生手冊，我在中一入學時的身高才僅僅一百四十公分；由小學到初中，我都是在按照身高排隊時的第一位。個子小、發育慢，加上腦袋不夠靈敏，在成群結隊踢球玩樂時，我通常都在場外看著球技高超的朋友施展渾身解數，在皮球飛出界外時，替他們拾球便是我觸球次數最多的時間。球技精湛的朋友，自然會吸引到一批「死黨」；而我很多時就只能默默地在散場後，思考著自己該如何是好。

最近從討論區中，得知隨著在街頭踢球的文化衰落，「街場跟隊」（在公共球場與陌生人比賽）這個足球文化已在香港接近消失。漸漸長大，在小學足球隊的朋友引領下，我們都會在屋邨附近的公共足球場與其他「波友」（球友）較量。假若在場有多於兩隊使用場地，我們便有種「鬥波」的江湖默契，輸球的一隊會被換出，最先排隊的換入，實行單場淘汰制。假如你的球隊實力超群，那可以在整個晚上無間斷地飛馳球場；當你實力不濟而有很多人「跟隊」時，可能甫開賽失球後，整晚都未必再有下場比拚的機會。

於是，渴望在球場上哪怕多留一分鐘的我們，總會派出球技最好的七人組，嘗試在那片石地足球場佔一席位。每當有八位朋友組隊時，我便會是被「派駐」在觀眾席、嚴防小偷的那位後備隊員。即使只有六位隊友，我總戲謔自己為「打雜」，會自動填補「閒位球員」的位置。

閘位球員是左、右後衛的統稱，被視為球隊內最不需要技術的位置。防守時最簡單的任務，就是將皮球大力踢出界外，並盡力纏擾對方的攻擊球員。不用花哨的觸球技巧，也不用太多的無球跑動，更無需絕佳的視野和足球智慧，只需要專注和毅力便能勝任。足球根柢欠佳的我，沒有隊友寄予厚望，只希望我能完成簡單的工作，在力所能及的狀態下，完成防守對方翼鋒球員的單調任務。

由小至大，從運動體育到學習成績，從家庭背景到成長環境，我都乏善可陳。很多時候，不管我是否被鎂光燈照射著，在我心底，還是在球場邊看著隊友競技，替他們加油打氣、執拾皮球的那個「後備球員」。

升讀屋邨內其中一間水準最低的中學後，我便加入了足球校隊；隨著技術精進，我也能擠進正選之列。雖然這並非任何了不起的成就，但對當時坐了數年「冷板凳」的我而言，能夠跟著校隊教練（其實就只是學校體育老師）操練，有一批互相鼓勵的隊友，更重要的是能夠下場參賽，已非常感恩。每星期兩節的校隊練習，是我在校時最期待的時光。

或多或少，這種「補位」經歷鍛造了我的性格：先不追求自己成為入球、助攻、全場注視的那位，敬業地完成被委派的任務，填補團隊最需要支援的位置。在香港的民主運動，在我過去十年的高低起伏，也是遵從同一哲理。

在流亡初期，我一直思考著這個故事：其實我並不特別喜歡成為被注視的公眾人物，亦不認為自己能肩負歷史任務。我只不過是一直思考，在能力範圍內我能填補最適合的位置。流亡的初衷，是為了使自己努力的歷程成為歷史，也是為了可以投票選出城市領袖的一天。

即使現在對自己的足球球技稍有信心，仍然不忘那時在場外的渴望。流亡時，看著場內，內心不是滋味；渡海離家，是為了回家。

四、歷史會面

抵達英國，投入倡議香港民主、抗衡中共的國際戰線後，我便陸續獲邀出席不同會議，與時任工黨影子外相麗莎・南迪（Lisa Nandy）、影子亞洲事務大臣史蒂芬・金諾克（Stephen Kinnock），以及執政保守黨的亞洲事務大臣奈傑爾・亞當斯（Nigel Adams）等人會面，令英國的政治領袖都能從前線倡議者身上了解香港於二〇二〇年《港區國安法》生效後的變化。

以政治語言解讀，官員與倡議者的會面釋放的政治訊息，不僅是雙方獲取資訊的途徑，更向大眾突顯政治人物對議題的支持。許多重大歷史事件都是由象徵式會面開始，讓社會消化當中的政治含意。在過去數年，鑑於香港議題仍不是各地政治的主流討論項目，爭取與政壇中人會面相對吃力；香港議題於二〇一九年成為國際熱門話題，因此在我抵達倫敦後便促成一連串會面，相關工作水到渠成。這些努力既鞏固了英美政界對港政策的態度，也證明以往數年在各國累積的民間外交工作並無白費，建立起來的公信力和人脈於民間外交工作上扮演著重要角色。

在我離港兩個月內，我便獲邀出席一場歷史性會面。

黑色七人休旅車駛至位於攝政公園（Regent's Park）的某座庭園大門前，兩旁荷槍實彈的警察先與司機打聲招呼，然後搬出一台電子偵測器掃描車底，確保沒有任何爆炸裝置。所有到場的警務人員嚴陣以待，這是我遇過其中一個最森嚴的保安關卡。

駛過大門，我們來到一所被大樹環繞的大宅，門外掛著美國國旗。這是美國駐英大使的官邸，二十世紀初修建的溫菲爾德宮（Winfield House）。頂著熾熱的太陽，我先下車並整理難得革履的西裝，同行的英國政界人物裴倫德（Luke De Pulford）亦隨即下車，我們在大使館職員的指示下步入大廳。

懷抱著忐忑緊張的心情，即使進入如此充滿歷史感的宅第，我也沒有多留意或記著內部的裝潢。大廳內人來人往，明顯地所有人都為這個短暫旅途忙得焦頭爛額。之後我們走到一處休息室，迎接我們的是一副熟悉的臉孔——曾在香港為《華爾街日報》（*The Wall Street Journal*）擔任記者的瑪莉・基塞爾（Mary Kissel），亦是我即將會見的美國前國務卿龐佩奧（Mike Pompeo）的資深顧問。與她寒暄後，我隨即被引領至會客廳。

在國務卿進入房間前，所有隨行官員都先行離開，只剩下我孤零地等待著。會面前我得知這是一場私人會面，內容保密，是國務卿主動提出希望在行程中會見香港民主運動的倡議者。在此之前，香港最後一任總督彭定康也與他分享了對香港事務的意見。

身為首位與美國國務卿會面的香港流亡者，我深知此次會面將獲社會廣泛關注，因此這雖並非我與他的首次會面，但心情卻依然忐忑緊張。二〇一九年五月，是第一次我與國務卿的會面，在前立法會議員李柱銘牽線下，我與李卓人、麥燕庭、吳靄儀等民主派組成代表團前往華盛頓，參與由麥高文（Jim McGovern）議員主持、就香港《逃犯條例》召開的中國委員會（Congressional-Executive Commission on China, CECC）聽證會。

有關注香港議題在美國政治倡議的朋友，對於龐佩奧這個名字絕不陌生。除了一直盡力推動針對北韓的強硬制裁措施，早在二〇一五年四月十三日，當支持史密斯議員（Chris Smith）眾議院版本的《香港人權與民主法案》只有寥寥數位時，龐佩奧就是其中九位非常具遠見的連署者之一。翌年七月，他又撰寫並提出了另一項決議案，譴責北京漠視國際海洋法法庭的裁決而繼續軍事化南海，並呼籲對方尊重公海自由原則。由此可見，他在接管美國對外政策之前，長久以來都對中國、亞洲地緣政治深感興趣。

二〇一九年時的訪美之行，我便與代表團到訪國務院，與龐佩奧交流會面，談論逃犯條例及香港局勢。位於西北華盛頓霧谷區（Foggy Bottom）的杜魯門大樓是國務院的總部——在參與國際連結的這幾年，我也經常到訪此處。每次在國務院內參與會面，我都至少要提早幾天安排好會面的詳情，向國務院提交同行各位的護照全名和號碼登記，到達大樓後從C街的訪客入口進去。在森嚴的反恐措施保護下，由警衛搜身，再排隊核對資料，整個過程耗時要近半個小時，一行人才能進入大樓內部。與到訪規則相對開放的國會和議長會面相比，會見國務院實習生所經過的行政程序可能更為繁瑣。

在國務院七樓走出電梯，途經幾個不同部門的辦公室後，終於來到國務卿辦公室的前台。基於安全原因，我們必須將所有電子產品寄存於接待處，避免這些電子儀器被用於危害安全的用途。完成安檢後，我們一行人等待了十數分鐘，就見到龐佩奧被幾位幕僚簇擁著，臉帶微笑地從我們即將會面的會議室走出來，熱情地與每位到訪的朋友握手。

之後他引領著我們和一眾幕僚到會議室內，民主派代表團坐在一排，他與幾位幕僚坐在長桌的對面。我首次發言時便感謝他在議員時期就已支持香港議題，他似乎也對我們詳細的資料搜集感到有些驚訝，預料不到會有人知道他是首批支持《香港人權與民主法案》的議員。隨後我們便講解逃犯條例的來龍去脈，讓他多了解香港民主運動的發展。會面約三十分鐘，完結後他們帶著我們參觀辦公室的其他房間，包括他接待其他外賓、甚至簽署國際條約的大廳。在這次交流中，我們感受到龐佩奧不單是因為職位所需，而是個人本身就對香港民主運動抱有關注。

毫無疑問，在川普執政的幾年間，我們是見證了共和、民主兩黨對中國議題有了轉趨強硬的新共識。自尼克森在一九七二年向北京伸出友誼之手以來，華盛頓的外交系統都一直主張要與中國打好交道，造就了卡特與台灣斷交、雷根高調訪華、老布希在六四屠城後向鄧小平示好、柯林頓把「最惠國待遇」地位與人權狀況脫勾、小布希支持中國加入世界貿易組織等相對示好及綏靖（Appeasement）的政策。過去數十年，不同執政黨都積極與中國建立友好關係，而反對黨則會批評，直到政黨輪替、角色對調，但其大方向依舊。直至在近年「中國威脅」論逐漸獲政界支持，各黨派變相爭相證明自己對華較為強硬，產生了翻天覆地的轉變。

自二〇一九年反送中運動後，香港就更明顯變成了中美關係的新角力場所，直至數年後香港議題慢慢淡出國際視線。二〇二〇年的會面，就是於此基礎上促成，令我能與時任美國國務卿龐佩奧私人會面約三十分鐘，延續「尚未終賽」的香港議題。

會面結束後，我深知此行是過去幾年工作的累積，也是眾多捍衛自由的港人努力成果。數年前我仍是初出茅廬的大學生，來自草根家庭，沒有任何顯眼的身家背景，轉眼就成為眾人眼中的「香港代表」，感到榮幸之餘，也帶著沉重的責任感。這或許是倡議路上的其中一個里程碑，但我們必須認清現實：它所能帶來的改變有限。

只有透過國際間政策上、立場上持續地改變，對抗極權、守護民主，我們才能燃起回家的希望。在溫菲爾德宮的門外，看著依舊刺眼的太陽，我有種完成了重要事務，卻又失落空虛的感覺。

五、面對焦慮

二〇二〇年九月，示威持續。周日，香港的示威中有接近三百人被捕，其中一位十二歲少女在旺角購物時被黑警粗暴對待、壓在胯下、驚惶失措。觀看著這些事態，必然怒火中燒，再度痛恨政府的暴虐、黑警的無良之餘，也對自己無法扭轉局面感到悔恨。縱使理性上清楚明白靠個人力量無法扭轉香港的命運，但情感上，還是會為自己不在現場、無法幫忙而感到傷心。

這些愁緒很容易就滲入生活：一整日看著直播，已安排的寫作日程不斷被推遲、線上課程也無法專心收看，整天心不在焉，看著社交媒體追蹤最新消息。深知減低查看手機的頻率仍能趕上最新消息，但你還是希望在第一時間看到香港新聞，無間斷地安撫自己心眼上的擔憂。

拿著手機，不斷滑動頁面、更新，已成抗爭時代的日常。

這種生活狀態，在二〇一九年留學時經歷過太多次。每每香港烽煙四起，便是我停筆之際；本應投入閱讀和學術的時間心力，全都放在緊貼香港情況。這種緊繃、焦慮的情緒，絕對會影響日常生活，以及本應承擔的工作。

到底如何在焦慮中與自己相處？

其實我也沒有答案。也許在很多朋友和媒體面前，我有強裝堅定的一面：不想讓別人擔心，也不想顯得軟弱。大概在強權壓境之下，很希望自己變得比頑石堅強、比橡膠強韌，無論遭遇什麼困難也面不改容。

但人心肉造，即使經歷大風大浪、大起大跌，要心如止水，又談何容易？

最近與朋友聊起，香港由小至大的菁英教育鼓吹我們要與眾不同、力爭上游，迎合著社群叢林法則，不斷向上。但社會又豈有那麼多「與眾不同」的人？

高等教育所缺乏的，是讓我們學習和接受與平凡相處。

情緒教育不也都一樣？面對困難不也就需要和脆弱的自己相處？焦慮是可以的，傷感是可以的，負面情緒大可抒發出來，然後抹乾眼淚，繼續上路。

這些日子，除了表面上有很多活動、工作、會面，不斷為香港奔波之餘，夜闌人靜時，還是會感到沮喪，會為著世間的邪惡而憤怒。努力投入工作後，深知情緒和體力上都要稍歇，但偏偏會為自己的休息而內疚，會有種投入力氣直到虛脫的衝動。但這種「自毀」的傾向，偏偏不能與自身的工作能力協同：每每期望落空，自身能力落後於期望，結果情緒更低落，更難走出迷茫深淵。

在孤單的城市內，找位朋友吶喊一下，也難上加難。很多個夜晚，只有明亮皎月相伴，或者後花園那時而隱沒的小貓，在寂靜間無緣無故地叫喊。

然而，我們不也就這樣的走過去嗎？太陽升起、日光乍現，也許早上起床時仍存有偏頭痛，但新的一天到來，總會重新獲得力量。重新跑起行程，會見傳媒、朋友，覺得自己開始有所貢獻，棲身於能夠發揮所長的位置。很多朋友受苦，也有很多朋友默默付出——那些在更困難情景下的朋友都可以勇敢面對，為何我們又在這裡感到失落呢？

與其將一刻的情緒、焦慮看成割裂的狀態，倒不如明白人的生活和情緒必然是一個週期，正如社會運動，潮起必有潮落。不必妄想一直維持歡快狀態，但也不必為一時的失落低沉而糾結。我總相信「生命會找到它的出路」（Life will find its way）。

願我們都在無數個失眠的夜晚中看到星星，然後在日出時代感到太陽的溫暖——總有一天，我們都可以寧靜地安眠。

六、煙火綻放

流亡就像煙火，初時耀眼綻放，受人注目；當火光燃燒殆盡，又變回了無聲無息。這點火光，在二〇二〇年九月攀上了高峰。

《時代雜誌》編輯每年都會挑選一百位全球「最具影響力」人物，其名單組成一直都引起廣泛關注，亦變相側寫了當年發生的世界大事。繼早前於全球讀者票選中居於首位，自己的名字出現在當年榜單上，的確很難以想像。

在每年的名單中，功成名就的藝人、商賈佔去一大部分，另外一些是手握實權的政治家、宗教領袖，或者代表國家榮譽、追求卓越的運動員。

當然，影響力也有分好壞，例如因替嬰兒做基因定序，嚴重違反學術倫理道德並引起巨大爭議及批評、因而被判監的賀建奎也在二〇一九年的榜上，以負面影響力登榜。習近平、金正恩等暴君也是《時代》百大的常客，他們對人權自由的破壞不言而喻，長年上榜用以提醒各位自由的可貴。

我的人生歷程縱然高低跌宕，但將我的名字與上述那些人對比，的確沒有那麼備受注目；但這也正好提醒著我，一直都有很多歷史巨人啟發著我前進，讓我成為某種信念的標記。馬丁・路德・金恩前後入獄約三十次，為黑人平權奠下重要基礎，其逝世亦間接讓之後的美國總統通過多項種族平權法案；甘地反抗殖民主義的萬里採鹽長征、牢獄絕食明志，團結千萬印度人以非暴力方式抵抗，終於獨立建國；曼德拉入獄二十多年，即使飽受壓迫、內外憂患交纏，亦不忘放下仇恨、促進種族共融，為國家和平伸出傷痕累累的友誼之手。

我由經歷學生運動、當選議員、入獄、流亡，也不過區區六年光景，之後數年的流亡生涯也並非時常陷入苦難之中。當中所受的窘苦，不比仍在牢獄的手足、要面對國安法終身監禁的眾人。我時常也質疑自己：我所能為民主與公義貢獻的，又何足掛齒？在香港真正光復、民主到來前，我們這些倡議者、「民主鬥士」，真的值得認可、榮耀嗎？

我們的存在，真的，有改變什麼嗎？

流亡的日子，經常都在質疑與堅持中交互煎熬。想著香港一切人與事，患難之交如之鋒和眾志等人、在牢獄背負重罪的抗爭者、及在公民社會路上的同伴、在示威現場四目交接的前線手足……離開香港以來，我總有種罪疚感，認為自己的付出有限，無法回報大家的犧牲。

新的信仰，新的理念，就在摸索、碰撞，否定後再建立，在正反合之間淬鍊剛強。無論我的眼神、語氣在媒體面前顯得多麼堅定，面對「困難總比方法多」的局面，也只能是內心不斷掙扎，做出一次又一次的嘗試。

我的貢獻，大概在於「天時地利人和」之下，走出一條前人尚未探索的路。二〇二〇年下半年，我收到很多媒體的專訪邀請，希望我講述自己的流亡生活，我幾乎毫無例外地全數拒絕——因為我不想陷於「逃亡」的定型，不想被一種既定的目光凝視。香港的民主運動進入黑暗時期，流亡手足要面對精神、現實的不穩和飄忽，必然感到痛苦。

但我渴望的，是證明即使離散於世界角落，我仍然能高舉「香港人」的旗幟，高調、積極、勇敢地參與國際政治討論，並為對抗中國威權、捍衛香港民主的戰役付出。我想擺脫「流亡」附帶著的那種無力、滄桑、被動的標記——我的選擇，是一種戰鬥。這是與威脅全球民主的共產黨纏鬥的新形式，也是一種充滿動能、意志以及嘗試撼動世界的路徑。

我希望他朝後代翻看歷史書時，除了看到我被逼流亡時的無奈和決斷外，亦能想像我雙手握拳的神情，義無反顧地投入進取的倡議工作中。

而這種選擇，在缺乏國際浮現疑中態度、香港史無前例的抗爭運動這些背景因素支持下，是絕對無法實現的。我能夠「影響」世界的路，其實是無數手足在抗爭、揮灑血汗、承擔牢獄之難而構築出來的。對此，我也懷著無限感激和悲憤的心情，在我力所能及的崗位中，持續地尋找光明。

對我個人而言，上榜也許是過譽了；但作為對香港民主運動的肯定，則是恰如其分。香港抗爭扭轉了世界對中國共產黨的妄想，並以極具感染力的行動、畫面化身成守護自由的標竿，提醒大家所享有的民主自由非從天而降，而是靠眾人警醒、合力守護。從來沒有人想像過，香港抗爭的槓桿力量竟如此巨大，威脅到整個極權帝國的存續。

而身為這偉大歷程的其中一位政治人物，無論受到任何外界的褒獎，最終的目標都是要為你所珍愛的社群爭取公義、民主，令更多人享受到身而為人的尊嚴，活在平等和友愛的社會中。一切外界所加諸的冠冕，都不比香港人的一聲「加油」來得重要。

在政治路上，過多的自信只會陷入曲高和寡的危機；只有腳踏實地、爭取社會上每一分的支持，兼聽包容，才可以在改變世界的路上走得更遠。

很感謝一路以來支持我的朋友——真的，尤其是於陌生他方重新建立生活，你無法想像每一個鼓勵對我而言，是多麼的重要。每天都要戰戰兢兢地過活——出入要警惕四周、對每位接觸的人都充滿戒心，避免於任何位置留下個人資料，並每日陷於中共威懾的焦慮當中。能夠使我承擔起這些壓力的，不只是內心的強大，更是因為有各位作後盾。

被驅離立法會是我政治生命的低潮，曾經有一段時間我以為我再也不會跨過這道難關——但實際上，經歷挫折才會使人強大。桂冠背後，全是傷痕。我永遠都與穿金戴銀、名成利就的其他《時代》百大人物相反，我只能過著漂泊、不安的生活——但至少我無悔，我正無限接近生命的意義。

最後亦感謝彭定康港督替我寫了一篇簡介，簡單扼要地講解為何我會出現在榜單上：

「中國共產黨企圖打壓香港一整代人的意志，而他是這代人當中勇敢的象徵。你無法囚禁自由的意志——就像他的同儕黃之鋒一樣，羅冠聰追隨的是像李柱銘、吳靄儀、黎智英和陳日君樞機這樣的人的腳步，為了民主權利而冒著失去自由的風險。我們必須繼續為羅冠聰以及在香港的自由鬥士發聲和挺身而出。」

獲得如此榮譽，除了得到眾多友好的祝賀，生活沒有任何變化。還是一步一步地協助建立香港海外社群，持續為香港抗爭者爭取支持和支援，繼續在力所能及的範圍下，盡量令國際社會增加對中共的壓力。

二〇二〇年，煙火燦爛。

七、尋求庇護

接近二〇二一年，我也開始需要思考國籍、身分的問題。關於是否要申請政治庇護，我曾有過許多思想掙扎——在聯合國的定義下，申請政治庇護和接受難民身分的要求是「有正當理由畏懼在自己的國家受到迫害」，我的狀況當然相當吻合。但這也代表我必須放棄當下的國民身分，接受只成為另一個國家的公民——由於我在英國申請，日後所持有的必定是英國護照和公民身分。這會與自我身分認同有所衝突嗎？

思前想後，面對著香港特區護照即將逾期，其實我並無選擇，皆因沒有國籍和護照會大大影響我的倡議工作。因此，我便於二〇二〇年十二月的冬至，正式向英國內政部提交庇護申請。在這個團聚的節慶提交申請有難以言喻的意義：對很多人而言，能與家人相聚已是奢侈。城內被囚禁的、城外流浪異鄉的，無不惦念著團聚的時光，以及無憂無慮、「正常」日子的點滴。

我也會掛念香港的一切，以及仍在鐵柵後的諸位同伴手足。然而，官媒喉舌將我列為《港區國安法》下的通緝犯，已印證了香港一日被暴政籠罩，我就一日無法重回我的家鄉。而日後若要續領香港特區護照，便必須進入中國大使館辦理手續，屆時與「自動送中」無異，也許我便立刻被送予中共「法辦」了。

或許大家早有聽聞英國嚴謹且高門檻的政治庇護審批，我身為其中一位擁有媒體關注的流亡者，和其他申請者俱經歷一樣的審批程序，藉此了解到程序繁複和問題。無論是初期開展程序時的緊張迷茫，到相隔數月（甚至超過一年）進行的第一次、第二次面試，以及漫長地等待結果，這些都加倍令遠離家鄉的流亡者們煎熬。普遍而言，內政部對政治庇護的申請批核滯後多時，許多申請者等候逾兩年才有結果，當中更有些是被以荒謬的理由拒絕。支援這些為香港付出的朋友，是香港海外社群的共同責任。

與此同時，香港的大搜捕正在進行。繼二〇二〇年七月一日的唐英傑案後，香港政府陸續使用國安法拘捕政治異議人士，包括被告分裂國家的鍾翰林案、勾結境外勢力的周庭案、勾結或串謀勾結外國勢力的黎智英案等，以及最備受關注以及被告人數最多的民主派初選案。

二〇二一年一月六日，國安處以涉嫌違反國家安全法「顛覆國家政權罪」為由，拘捕五十三位參與以及舉辦二〇二〇年立法會選舉民主派初選的民主派人士。之後四十七人被起訴，大部分被捕者都不獲保釋，三十多位被告在審訊完結前已經被還押候審超過三年。事件發生之際，我剛遞交庇護申請，每天都關注著香港的新聞動態。那時的第一個想法是：這一舉摧毀了香港民主派。

要理解這次大搜捕，必須要先理解二〇二〇年民主派初選的歷史脈絡。我離開香港前也投入民主派初選運動，之後亦一直呼籲各民主派選民投票支持初選，皆因在反送中運動的推波助瀾下，市民希望能夠在各個戰線（街頭、議會、國際）共同對中共施予最大壓力，因此相當重視如何在重重掣肘下，依然能夠實現議會過半數議席（三十五席以上，俗稱35+）的目標，為北京帶來憲制難題。

因此，當時非建制派可謂精銳盡出，希望能夠在初選中壯大聲勢，延續二〇一九年區議會民主派豪奪超過八成直選議席的佳績，於原訂二〇二〇年舉行的立法會選舉再下一城。民主派議會「老將」梁國雄（長毛）、毛孟靜、陳志全（慢必）、楊岳橋、胡志偉，社運一代如黃之鋒、朱凱廸，以及偏本土派的黃子悅、鄒家成紛紛參選，希望囊括所有非建制派的選民支持。最終初選有超過六十一萬人投票，中共投鼠忌器，便引發了這次的大搜捕。

對我而言，最念茲在茲的，當然是曾在傘運、眾志並肩作戰的一眾伙伴。之鋒、周庭和林朗彥在二〇二〇年十二月因圍堵警察總部的「六二一行動」而被判處入獄，初選案大搜捕之際，之鋒早已於石壁監獄服刑。周庭於二〇二一年六月十二日早上獲釋，其後一直被國安處騷擾，並因在《港區國安法》下被捕而被禁止離境，直至二〇二三年年底趁於加拿大留學時拒保流亡。

在二〇二〇年六月流亡海外後，我已避免與所有身處香港的前伙伴、家人聯絡，因為我深知這些接觸或會被用作證實他們與我「合流」，從而被扣上「勾結外國勢力」的帽子。但這種阻隔其實是相當殘酷的——以往一直「拍住上」（同心協力），過去數年無論高低起伏都相互扶持，這種手足情懷，又如何能夠理性地因應政治風險而無痛割捨？在愈艱難的環境，就有愈多令人痛心的抉擇。在這些時候，我無一不嘗試做最保護他人的選擇。

眼看著他們一次次被困進監牢，同時未知何時離去，心如刀割。我能在海外做的，便是將他們的聲音、事蹟傳播到更遠。在流亡的頭一年，我便有幸獲超過兩百家媒體訪問與專訪，散見於《路透社》、《華盛頓郵報》、《紐約時報》等，亦在《衛報》、《外交政策》等外媒有超過二十篇投稿，呼籲各國政府抵抗中國威權、支持香港民主運動。

這些倡議工作，確實有助提高香港議題的曝光率，以及令更多人知道港人的抗爭。但這些，又有助戰友們盡快從監獄中離開嗎？又能令受苦之人早日脫離嗎？我深知什麼是「正確」的事，卻在確認它們是否「有用」而苦苦掙扎。

然而，你總要說服自己，那是條必經之路。即使漫長，即使難以立竿見影。心如刀割，也要前行。

【投書】

我離開香港，是為了告訴英國關於中國的真相

當我在六月尾離開香港時，我因保安理由沒有披露我身在何方。市民猜測我在美國，因為我在二〇一九年時積極參與在美國國會的倡議工作以及於耶魯大學就讀。但其實我選擇了另一條路——我抵達倫敦，並成為了香港民主運動的國際倡議者。過去一段時間，我曾猶疑應否以倫敦作為我的基地，而我已做了決定——我遞交了在英國的政治庇護申請。

我的離開引起了不少關注。因應國安法的落實，政府具有滔天權力將政治異議人士以言入罪，因此，我決定流亡至能夠自由發聲的地方。我是首位具香港立法會前議員身分、史上最年輕的海外流亡者。

因為我的政治經歷，國際媒體、政治家以及非政府組織都對我的決定感到好奇。著名異議人士的離開，代表著某些壞透了的事發生在這個城市。我的故事在全球傳播，提高了對香港困境的關注。但有人依然問：為何選擇倫敦，而非紐約或華盛頓呢？答案其實與西方對抗中共威

權擴張的策略有關。

正如我們所認知，中共正積極地重塑國際秩序，並增加他們對本地政治的極權掌控。當二〇一八年美國由開展貿易戰，漸移至「脫鉤」政策時，中共的視線轉移至歐洲。當時美國已清晰表明視中共為重大威脅，北京並不希望同樣的態度轉變在布魯塞爾發生。透過與歐洲結盟，中共希望將自己包裝為「和平崛起」的追隨者，展露有別於「美國單邊主義」的選擇。

當然，眾所周知，這些華麗的言辭是中共的謊言。但這對於很多國家，包括英國以及歐洲國家在內，這並非大家明顯了解的。中共的「統一戰線」活動影響了這些國家的政治。經濟勒索、攏絡菁英、金錢收買以及互相勾結被用作保持中共和諧無害的假象。過去有一段長時間，很多人幻想西方國家能與中共合作，甚至認為他們會成為民主國家的一份子。

從幻想中覺醒的過程需要時間。在美國，對中國採取強硬立場，以及視其為國家其中一個最大的敵人已是跨黨派共識。在英國以及歐洲，事實並非如此——而這是需要建立的共識。

這正是我飛往倫敦、計劃視此為據點的原因，並於這個陌生而熟悉的地方申請政治庇護。我希望我的存在能被視為警號，提醒大家中共對我們共享的民主價值所帶來的重大威脅。你們不應只聚焦在經濟獲利上——我們正失去更重要的東西。

頂尖大學的教授被逼對中國的人權侵犯噤聲；在中國大陸，十字架被焚毀而宗教團體卻被政權滅聲；支持香港民主運動的商家被懲處，以及蒙上「傷害中國人民感情」的指控。類似的事情在過去不斷發生，我們不能再假設來自北京的威脅不會損害我們在西方的自由以及民主。這正是為何我聚焦在英國及歐洲建立連繫盟友。

我在此已將近半年。倫敦是刺激又迷人的地方——即使我在這個不幸以及奇怪的時間抵達。我可以從這個現代化城市的細微事物上，看見香港的影子。共享的文化和標誌令我感到平靜及喜悅。議員與記者們都比以往更關注我們的聲音，正面地影響著政府政策。我非常感激得到很多朋友的溫暖及支持。

在英國及香港眾人的努力下，將會鞏固捍衛人權與自由的力量。不論我們面對什麼困難，香港人永不言棄。爭取香港民主的路，將會在全球開花。

（英國《衛報》投書文章，刊於二〇二〇年十二月二十一日）

八、倡議之外

離開Airbnb的短租住處後，我首個遷入的住處座落於倫敦北部的肯頓（Camden）。那是一個Studio間隔單位，一切活動都被壓縮在大約兩百尺的客廳：一張床、一張電腦桌，再加上能夠容納一張瑜伽墊的走道，幾乎就佔據了所有空間。樓下住著一家播放響雷般音樂直至凌晨兩點的印裔家庭——那時仍是二〇二〇年年底，因應COVID疫情的封城尚未結束。

在二〇二〇年十一月，我搬到本應繁華熱鬧的牛津圓環（Oxford Circus）。在尋找住所時，我依然保持警惕，盡量希望從朋友圈中租到心頭好，皆因我並不希望將我的個人資料（包括住所地址）流到任何商業第三方手上。最終我幸運地認識這位一直在營運短租服務的業主，由於在疫情期間沒有遊客需求，市民亦毋需住在市中心方便上班通勤，因此在中心區域的房源瞬間暴漲，連帶租金急劇回落。就此，我便住在空無一人的牛津圓環，我經常打趣地說：這是最適合拍攝喪屍類型電影的好時機。一個本應人潮洶湧的商業街區，竟然變得空無一人，歸於平靜。

在封城完結前，幾乎所有活動都以線上形式進行。在二〇二一年年初，我非常榮幸受到美國芝加哥大學政治研究所（University of Chicago Institute of Politics, IOP）邀請，成為二〇二一春季學期的普立茲克學人（Pritzker Fellows）之一，為芝加哥大學的學生提供一門歷時四星期的課程，內容涵蓋香港歷史、抗爭分析，以及自由和政治運動的概念和運作。芝加哥大學是世界頂尖的私立研究型大學，在香港亦設有分校，李政道、楊振寧和崔琦三個華人諾貝爾獎得主都曾在此精進學問。

當我接到芝加哥大學政治研究所的總監大衛·阿克塞爾羅（David Axelrod）邀請時，其實感到非常受寵若驚。一方面是我才剛在去年五月完成了耶魯的碩士課程，論資排輩，也難以企及在芝加哥大學中「任教」（即使是以特邀學人身分）；另外，我也對潛在的研究與教學工作感到焦慮，因為兩者再加上本已密密麻麻的倡議日程、寫作計畫，我或難以應付如此龐大的工作量。

但同時我也感到非常榮幸——能夠受邀在世界一流大學「任教」的經歷，成為學校「大家庭」之一，無論是在拓展人脈、或是倡議工作上，都有很多潛在利處。因此，即使初時感到些許憂慮，還是很爽快地答應；之後我亦得悉是學生群體主動希望IOP邀請我加入，又使我更有信心。當然，阿克塞爾羅總監的背景和資歷也是讓我對與IOP合作感到雀躍的重要原因。大衛·阿克塞爾羅是美國重量級政治家，最為人熟悉的身分是歐巴馬總統競選團隊的首席策略家，負責設計競選工程的理念和方向，在歐巴馬當選後亦成為了他的資深幕僚，他在各大政黨以及智庫都擁有充沛人脈，故此IOP歷來的學人背景多元，突顯機構無黨派的特色。

幸好IOP的職員都相當理解我的處境以及對工作量的擔憂，因此特意將課程長度由十二個星期調整至四星期，讓我在四月尾至五月尾授課，減輕我在教學上的負擔。而IOP的學人本就毋須承擔研究工作，因此關於工作量的擔憂也完美解決。之後我與其他幾位政治、社運界領袖的學人線上會面、互相認識後，也就要向IOP呈交課程的大綱及內容細節了。

值得一提的是，IOP容許我們自由地設計課程，沒有限制或要求我們授予指定的觀點或內容。當然，他們也會對邀請嘉賓有一定的合理期望——身為香港民主運動參與者，他們也不會期望我教授美國政治，或者歷史經濟等非我專長的科目。因此，我便花費了大約一星期的時間，設計出為期四堂短課程內容，內容由簡介香港歷史與抗爭、自由如何沉淪、示威抗議的前線觀察，去到與學生互動探索的環節，希望由淺入深、由大環境至個人層面，令學生更受香港故事觸動時，也能啟發到自身參與改革社會的運動。

在設計這些課堂內容時，我最希望的是令學生透過香港和羅冠聰的故事體會到自由的脆弱，以及人在命運之輪轉動下的無盡可能。我不希望以灌輸式教學「洗腦」學生，「強逼」他們關注香港抗爭，如此教育也會弄巧反拙；相反的，我希望他們能在香港故事中感悟到啟發和力量，再介入他們各自關注的議題，為公民社會注入動力。若有正面影響，他們也會更受我背後所代表的理念影響，由心而發地關注香港的抗爭運動。

以往曾參與多不勝數的講座，但以「授課」形態與學生接觸，還是非常新鮮的經歷。加上事前與IOP職員多番討論如何保障學生安全，包括匿名參與等，避免被跨地域的《港區國安法》追究，也令我對這次授課感到更為緊張，幸好一切順利完成，學生也對此有優秀評價。之後在二〇二二年，我也獲賓夕法尼亞大學（University of Pennsylvania）邀請，在該校的國際研究中心佩里世界之家（Perry World House）擔任訪問學人（Visiting Fellow），親身駐校一星期。

在IOP的課程完結後，首本英文著作《Freedom》的稿件亦準備妥當，準備在二〇二一年下半年推出。撰寫英文書是我在離開香港後便活躍於腦海的計畫——將香港故事傳播更遠，是我輩之責。「Freedom」內容深入淺出，目的是讓對香港議題並不熟悉的讀者能以我的個人故事切入，消化過去幾年在香港錯綜複雜的政治改變。此書幸得同儕方禮倫（Evan Fowler）以及出版社編輯的潤稿和協助，才能順利完成，將我的想法以貼近外國讀者的母語環境道出。

在《Freedom》出版之際，我也來到英國接近一年半。由一位香港的政治人物，到成為對抗中共的國際倡議人士，當中的成長曲線確是非常陡峭——然而，在這條幾乎必須由自己摸索的路上，適應環境、自我提升，是在異地實踐理想的不二法門。於是，在二〇二一年年底，我又再做新的嘗試，希望能更全面地守護香港人的身分認同和獨特性。

二〇二一年年底，我與其他幾位移居到英國的公民社會同伴成立了「香港協會」（Hong Kong Umbrella Community）。大約在二〇二二年年中，香港政治新聞在國際社會的熱度已經漸漸降低，同時香港社群對在英國融入本地社群的憂慮亦逐漸出現，我萌生希望以政治倡議外的方式，去協助建立香港社群的想法。

與此同時，我也察覺到愈來愈多在香港公民社會活躍的朋友，基於不同原因移居英國。如果能夠在英國重建一部分香港的公民社會，那便能連結兩地社群，亦令港人社群在英國得到更多支持和重視。「香港協會」成立後，舉辦了一系列促進香港文化保育、傳承的工作，包括海外民間規模最大的香港國際電影節和香港文化節，以及一系列的簽書會、放映會等文化活動。

時至今日，在香港政府對我實施的高調通緝令下，以政治倡議者的身分同時兼任推廣文化工作，遇上愈來愈大的困難。除了是合作伙伴會覺得「敏感」，民眾也會因為不同原因回港，而避免在海外碰觸政治禁區。這種矛盾隨著香港的政治空間收窄而加深，即使協會的工作得到廣泛認同，最終卻可能因此而需要暫停營運。

環境變化之劇烈，經常使人感到身不由己。無論初衷如何宏大美好，要將其落地生根、站穩腳步，談何容易。除了需要經常「試錯」，接受、面對、消化種種「失敗」外，也要有不斷自我調整的準備。

光復香港之路，哪會輕易。

九、踏上征途

隨著香港政治局勢變得愈來愈封閉，許多無法忍受自由不斷被欺凌的香港人以移民回應。英國政府在中共在港實施《港區國安法》後，認為《港區國安法》違反中英兩國政府在八〇年代就香港前途問題簽署的《中英聯合聲明》，因而落實英國國民（海外）〔British National（Overseas）passport, BN（O）〕簽證計畫，讓超過三百萬名香港公民擁有取得英國公民資格的途徑。

二〇二一年年初，英國政府公布相關簽證計畫時，時任政府首相強森（Boris Johnson）表示：「我們履行了英國與香港人之間的深厚歷史聯繫和友誼，並捍衛英國和香港同樣珍視的自由和自治」。

中方對此也進行了相應的反制動作，中國外交部發言人趙立堅宣布「中方不再承認所謂的BN（O）護照作為旅行證件和身分證明」，BN（O）護照自此無法用於在香港出入境，亦不獲承認為任何形式的身分證明。然而，此舉並沒有阻止香港人大舉移民至英國：截至二〇二三年六月底，已有超過十八萬人申請BN（O）簽證，兩年半間抵英人數高達十五萬人。若加上本就已擁有英籍的數十萬港人的潛在移民數量，三年間或有超過二十萬港人以不同方式遷至英國。

雖然港府一直以來都堅稱「沒有移民潮」，並指在國安法後香港正進入「由治及興」的階段，但市民對香港經濟及政治未來的信心，可謂一落千丈。這也是我當初選擇流亡至英國的原因：當英國的香港社群逐漸壯大後，便可對本地政治和文化有較大影響力，更能影響當地的政策以及對華態度。

香港社群在英國落地生根，沒有選擇一兩個密集聚居地，反而更希望融入當地，在倫敦、伯明翰、曼徹斯特等城市都有港人社群的存在。在《Freedom》出版後，我相繼在英國超過十個城市舉辦簽書會，遇見了很多在異地重新出發的港人，也在與言談之間，感受到社群所承載的鄉愁。如無必要，又有誰希望離鄉背井？港人離家原因各異，有些面對直接的政治暴力，有些則是希望下一代在自由環境長大，不用面對歌頌中國共產黨的洗腦教育。在這些風雨飄搖、重新適應的日子，能夠相聚、取暖，社群是非常重要的黏合劑，也是寒冬中的一碗熱湯。

前來英國申請庇護的人數相對較少，總共只有三百多宗，其中有一大部分個案等待審批時間超過兩年。在這十幾萬移英港人之中，我經常覺得自己已算「幸運」：能夠在短時間內順利獲得難民身分，以及有相應的語言和文化資源，能夠順利適應英國生活。在媒體的投射上，我或許是因香港政治動蕩而備受中共打壓的代表，大家會著眼我需要流亡的「苦況」；但實際上，有很多申請庇護的示威者身處更為惡劣的狀況，缺乏體制上的支援，又要無盡地等待庇護申請結果，無法工作。有些居住於前身為軍營的難民中心，所謂「房間」只是在碩大體育館中的四道拉簾；有些在運動後得到創傷後遺症，卻礙於語言不通、醫療資源不足，無法得到適切協助。面對這些令人心酸的個案，雖有些英國公民組織介入協助，但無疑難以完全解決所有難題。

而在二〇二二年開始，香港的政治局勢陷入更深的低谷，眾多暴動案被告陷獄，以國安法、煽動罪檢控的案件開審，媒體、公民組織亦接近被全面肅清。隨著愈來愈少「爆炸性」新聞出現，香港議題在國際媒體的篇幅亦隨之下降，更少英國及國際政治人物、組織關注香港的現狀。此舉亦影響到海外社群的氛圍：一旦發聲的代價太大，例如回港時可能被捕，或者影響在港親屬的安危，海外港人即使身處安全國度，也不一定會積極發聲。

如此，圍牆與海外都陷入運動低潮，在運動週期的搖擺中飄蕩著。

即使如此，對政治有所認知的港人，心理上必然陷入一種兩難：BN（O）簽證是中國撕毀《中英聯合聲明》而衍生的人道政策，是香港政治腐壞的副產品，受惠此政策的港人無疑有責任替被政治迫害者發聲。在這種夾縫中，有些因各種原因無法繼續公開表態的港人，選擇了參與社區工作、延續香港文化工作，來為港人的政治社群服務。

於是，隨著許多港人組織在英國四處生長，一些以港人主導的文化活動，例如電影節、農曆新年年宵、音樂比賽等等隨之展開，當中不但有保育廣東話、守護不被審查的香港歷史的相關倡議，更會有文化活動中「見縫插針」，將政治訴求放入活動當中「暗渡陳倉」。這種機靈和彈性，是香港人的特性，也是海外社群為適應政治局勢的無奈之舉。

二〇二一年，如蒸氣波般緩緩向前挪動。在如此背景下，我又踏入新一年的倡議之旅。

十、身分認同

香港人的身分認同，是對抗強權的重要武器。座落於帝國邊陲，由漁港開埠、殖民時期，到九七主權移交後，其獨特的歷史文化孕育了香港人有別於中國人的身分認同。香港人視自己為「中國人」、「香港人」或是混雜身分的程度，一直被研究香港社會文化的學者視為反映對中國政府的觀感。過去數十年，西藏、新疆等邊沿地區的當地文化，一直遭受當局的打壓入侵，務求令全國上下在語言和文化都達致「大一統」，圍繞著漢人中心、以黨為先的文化建造。降低地域的政治文化差異，達致社會一體化，一直是中共維持政權穩定的武器。

這是香港人在九七主權移交後一直面對的憂慮，而近年更成為現實。自習近平於二〇一二年掌握大權後，北京對港的干預愈為明顯。政治上，北京封殺香港普選的可能、引入《港區國安法》摧毀香港的政治自由及公民社會；文化上，漸有「推普廢粵」的風氣，將普通話取代廣東話作中文教育，亦廢除被視為鼓勵獨立思考的「通識教育」科，以更具愛國教育元素的「公民與社會發展科」取代。大部分香港民主派的書籍（相信亦包括此書）被主流書店集體封殺，在學校、政府圖書館中下架，甚至成為「煽動刊物」，持有已經違反國安相關法例。

二〇二〇年《港區國安法》頒布後，這幾年間，政府不斷拘捕異議人士、勒令支持民主運動的公民團體停運，或以行政手段騷擾民主派商家、商戶，迫使其面臨經營困難或停業，導致整體政治氛圍一年比一年肅殺，市民漸漸遠離政治及社會議題，缺乏對城市的現況與未來討論，親中媒體扭曲反送中及其他民主運動的歷史，於是香港人漸漸抽離對城市的討論，變成愈來愈無根的一群。

能夠捍衛、提倡香港人身分認同的社群文化工作，在刻下的香港，變得愈來愈困難。任何逾越所謂「紅線」的文藝活動，都會面臨取消的風險——而所謂「紅線」劃在何方，更是難有客觀標準，端視任一政府部門視之為「敏感」與否。電影界更是首當其衝：一些電影涉及二〇一九年抗爭示威的部分被「黑屏」刪剪，有些更直接不獲發放電檢證，無法公映。

在香港人人自危的情況下，在海外的港人便承擔部分傳承「敏感」文化的責任。在二〇二二年，《香港協會》連同一些香港電影工作者，例如金像獎得獎作品《十年》的監製伍家良、文化人黃靜，舉辦首屆「香港電影節（英國）」（Hong Kong Film Festival UK, HKFFUK），去為優秀的電影作品提供平台。更重要的是，一些無法在香港上映的，例如關於二〇一九年反送中運動的紀錄片及劇情片，便可以在英國擁有自己的新生命，令這些作品不致被遺忘。

在「香港電影節（英國）」上映的《時代革命》，掀起了一陣熱潮。《時代革命》作為二〇一九年反送中運動最受觸目的紀錄片，獲全球影展最具影響力之一的坎城影展選入「特別放映」單元，其後在荷蘭阿姆斯特丹國際紀錄片電影節及台灣台北金馬影展等著名影展上映，並獲金馬影展觀眾票選冠軍。

但由於《時代革命》在二〇二一年製作完成並在國際首映時，受《港區國安法》所限，在香港沒有任何一間影院願意冒險播映。故此，一部蜚聲國際、萬眾期待的紀錄片，卻不能在香港上映，實在諷刺。有鑑及此，「香港電影節（英國）」便成為《時代革命》其中一個率先放映的影展，將電影分享予離散港人聚居地的英國。連同《時代革命》在內，電影節放映超過二十部作品，當中部分是被香港禁止上映的「禁片」，但同時也有國際單元，希望納入更廣闊的視野，讓香港的價值與世界「接軌」。

踏入二〇二二年，流亡的生活也一如以往的節奏，閱讀、訪問、會面、書寫，林林總總對倡議有所助益的工作，擠滿了日常生活。年初我收到了一位大學校長的電郵，我曾於他所任職的大學演講，談及全球民主局勢以及香港民主運動。

我本來以為這是一封再次邀請我到校演講的內容，內容卻出乎意料——我將獲頒發榮譽博士學位（Honorary Doctor of Humane Letter），以表彰我在民主運動的貢獻。

而這將是我首次參與的畢業典禮。

我比其他同學以更長時間修讀學士學位。在就讀初年我便積極投身於社會運動，甚至在我於二〇一六年當選立法會議員、二〇一七年入獄時，我仍就讀於嶺南大學文化研究學系。相比其他「正常」的大學同學，這些求學經歷曲折離奇，也讓我花費許多時間在非學術的訓練上。當我仍在大學宿舍居住時，我便經常遇上宿生成群結隊，無憂無慮、浩浩蕩蕩地揮灑著青春，而我則在宿堂撰寫文宣，或者處理學生會事務。當時我不禁在想：失去身為「大學生」的青蔥歲月，是否就是參與社會運動的代價？

如今回看，當時所付出的「代價」，是少之又少。被不公義的法庭判囚，在監獄內失去自由的熱血青年們，才真的算是失去寶貴光陰。

在二〇一八年年底，我順利在延遲一年半後畢業，離開了麻雀雖小的嶺南大學。嶺大是我的社會運動起源地，我在校內鼓勵學生參與社會時事、與校務處以及校董會等校園建制周旋，到舉辦服務學生的文娛康體活動，在這幾年間獲得在公共層面處理活動和管理組織的經驗。我第一次被捕，就是以嶺南大學署理會長的身分，參與二〇一四年七月一號「預演佔中」行動時，被警察抬離中環遮打道。那時的大學生們，以行動準備接下來的抗命盛夏。

一直以來，嶺南大學文化研究學系的教授都鼓勵學生慎思明辨，也支持我們以直接行動介入、改變腐朽的社會。對於嶺南大學，我其實沒有深厚的情感，皆因大學始終屬於政府建制一的部分，有它保守和威權的設計；但與一眾教授討論時事、與學生們將條幅從大學宿舍懸垂下來、從同儕老師身上學習批判認知，這些都是我最想念的大學片段。

大學畢業後，我本以為能像同窗般戴上四方帽，在典禮上向教授、家人們感謝致意，拿著證書離開。然而，在二〇一九年舉行的畢業典禮遇上反送中運動高峰，我便因社會參與而缺席了這一場期盼已久的盛會。

在二〇二〇年年尾，適逢《港區國安法》落實，我須盡快完成耶魯大學東亞研究的碩士課程，故此改為就讀一年後畢業。二〇二一年COVID疫情爆發，所有大型聚會均需取消，碩士畢業典禮亦順延下年舉行。翌年，耶魯大學重辦實體畢業典禮，我卻因工作忙碌而無法出席。兩次畢業，都與典禮擦肩而過。

結果，我首次出席的畢業典禮，就是在美國獲頒榮譽博士學位。榮譽博士乃虛銜，並不會代表獲頒者的「教育程度」，獲獎後不應要求他人稱呼自己為「博士」。榮譽學位背後的意義，是讓教育機構嘉獎對社會循非學術途徑而有重大貢獻的人，這是教學機構與社會接軌的體現，也間接令大眾知道，影響社會的工作不只在象牙塔中發生。

在二〇二二年年中，我便從倫敦飛往賓夕法尼亞州華盛頓市，出席華盛頓傑佛遜學院（Washington & Jefferson College）的第二二三屆畢業典禮。華盛頓傑佛遜學院是一所博雅學院，無獨有偶，這也是母校嶺南大學的定位。博雅大學專注全人教育，重視教學資源和水準，並不像研究型大學以產出學術論文為重心。華盛頓傑佛遜學院頒授予我榮譽博士學位，正體現民主教育在他們核心理念中的重要性；缺乏自由思想，博雅學院就不可能達致其教育的哲學和理念。

在《港區國安法》重重限制下的大學，學術自由被「舉報文化」、自我審查所削弱，思想、言論處處禁區，學生又如何可以自由思辯，批判思考？如此境況，無論學校如何大談博雅教育，也只是虛有其表。

在這個畢業典禮上，除了獲頒學位，我也被安排發表學校全年最重要的「畢業典禮致詞」（Commencement Speech）。學年完結，學生對未來既雀躍又緊張，而學校相應邀請有感染力和影響力的嘉賓，來向這些學生分享建言，在充滿挑戰的工作生涯到來前先上一課。

對我而言，撰寫這篇感言的難度甚高。與過去談及政治、抗爭的講辭不同，「畢業典禮致詞」的主體內容是分享人生哲學及格言，我需要消化過去在政治運動的高低起伏、挑戰難關，從而提煉出對畢業生有用的養分。

在畢業典禮當日，我身穿博士袍，緊隨校長以及一眾學校管理層，先在校園環繞一周，再進入被用作典禮場地的體育館。在校長致辭後，他便向一眾學生、校長、家長介紹我的背景，以及我過去擁有的成就。我戰戰兢兢地接過博士證書，攜著發言講稿，站上了演講台。

二〇二〇年被逼離開香港，從扎根本土的政治運動領袖，搖身一變成為國際倡議者，確是無法想像的一趟驚險旅程。縱然並非每次困難都能遊刃有餘地面對，但如此種種令人眼界大開的經歷，使我獲得無可比擬的成功感以及人生體驗。我嘗試將這種複雜和糾結的情緒，對命運的愛與恨，闡述予台下的觀眾。

十五分鐘後，全場觀眾起立鼓掌。據校長所言，這是是繼民權領袖約翰・路易斯（John Lewis）在數年前演講後，首次獲觀眾如此反應的發言。

看著台下湧動的群眾，我十分感動，但也深知，要「講好香港故事」、令香港的抗爭走得更遠，只有掌聲是遠遠不夠的。由二〇二〇走到二〇二二，幾年過去，除了香港的政治發展愈為沉淪、海外港人組織愈為成熟，日復一日的政治打壓消息卻令國際傳媒對香港現況出現報導疲勞，國際媒體關注逐漸下降。

媒體資源作為政治議程的引擎，失去媒體資源，就代表香港政治議題在國際間、不同國家議會的影響力下降。在如此狀況下，以光復香港為己任的個體該如何自處？聲援香港的海外民主運動，又可以如何獲得能量？城市城外的割裂，異鄉對本土氛圍的鈍感，如何影響著社群理解和建構光復運動？

看著一個個魚貫上台的畢業生，在刺眼的燈光下，我分神思考著。

【講稿】

我們的前路，由我們決定

早晨（安）！我是羅冠聰。如果你們正在期待泰勒絲（Taylor Swift）大駕光臨[1]，很抱歉，這裡畢竟不是紐約。撇開這些玩笑，我還在思考為何我會發表這篇講辭——一篇標誌著你們在華盛頓傑佛遜學院完成學業的講辭。典型的畢業典禮致辭者是政府官員、文化巨星、實業家、知名學者等等……

而我則不像他們。我無甚魅力、沒有名氣，也沒有財富。事實上，我和你們大部分都一樣：一個在叩問何為「人生」的年輕人。如果你想聽取成功勵志的故事，你大概要失望了。我的生命充斥著掙扎與失敗，而這正正是社運家爭取遙遠目標的生活。我們追隨能徹底改變社會的思想，貢獻部分生命來實踐那些令社會和世界變得更好的共同目標。但我們都很難看到即時

1 同年，泰勒絲在紐約大學擔任畢業典禮演講嘉賓。

成效。

大多時間，我們都難以接受失敗。以我為例，我因為香港民主抗爭而多次被捕。回顧二〇一六年，我在香港當選成為最年輕的立法會議員，之後中國政府介入並剝奪我議員之位。二〇一七年，我有一部分時間都在獄中度過。在二〇二〇年生效、由北京頒布的國安法落實之前，我離開香港，目前是一個被通緝的「逃犯」。我無法再踏足我所愛的城市——至少在香港擁有民主之前。我在逃亡後，基於北京打壓異議者親友的紀錄，我只能以發聲明與家人斷絕關係作為保護他們的方法。在香港，或是中國，爭取民主、自由和公義是一個遙遠的夢想——一個難以觸及的目標。

正因如何，我了解失敗為何物。我更明白如何面對失敗，以及從失敗中成長。我明白要花費很長時間，長得難以想像的時間，來看到希望，但我依然繼續嘗試。而我比其他人更清楚，一個人的價值，不必然與主流社會所定義的「成功」有關。我沒有錢；沒有權力。我有的是因示威集會而跟隨一生的案底——我一直處於不安之中。但歸根究底，我認為最重要的是你打從心底知道自己所珍視的是什麼，知道自己可以為什麼而犧牲。

如果實現了香港民主以及自己的夢想，我的生命會變得完滿。但即使尚未達到這個目標，我的生命絕不是毫無意義的——我為我跨過的所有難關，以及一路上的成就而驕傲。「結果」並不會定義你的成就，而「過程」會。所謂有意義的人生，我想，就是為你所相信的抵抗到底，以及當你滿頭白髮（甚至頭髮掉光），望向鏡中的自己時，你不會討厭那個人。

我不再需要重申堅毅與決心的重要性，你們在過去數年以勤奮學習達到如今的里程。今天，你們比任何人都更值得這個學位。

恭喜你們！你們身邊的家人、朋友、老師，都紛紛告訴你未來是光明的，以及將有刺激的歷程等待著你。我希望認同他們的說法——這是你們生命中重要的一天。

我不想在你們的畢業慶典中掃興，但我也不想偏離現實。在生命中，很多時候，事情並非如我們所期望那樣發生。生命總猝不及防地充滿挫敗，而它們甚至成為你人生的一大部分。即便如此，我還是想告訴你一切都會安好。

正因為生命總會為你帶來無法預知的事情，包括好的壞的，所以你要好好準備。我想要把自己當成你們的同儕，與你們相近的年輕人。在過去二十八年的人生裡，我經歷過一些很重要的閱歷，讓我成為今天的自己，以及懂得如何誠實地面對自己。今天，我希望你容許我分享這些教訓。

第一，無論你是多麼完美、優秀的人，總會有人討厭你。

你所做之事永不可能取悅所有人。實現偉大變革的途中將挑戰現存的想法，或是激怒不欲改變的人。如果有人心懷惡意地阻擋你，未必代表你犯錯；這或許正因為你是正確的。如果你知道自己的使命，就儘管去做。

毫無挑戰的生命是沒有意義的。你要對此好好準備，以及承擔當中所帶來的攻擊。你會沮喪、灰心，甚至哀痛莫名——但請不要絕望以及裹足不前。建立一個機制，將你隔絕於企圖擊潰你的批評。請你毋忘初心，就向著你的目標奔跑。

第二，尋找人生中讓你有熱情的事情。

你的熱情總會在低落時拯救你。

找一些可以讓你傾力投入的事情：可能是電子遊戲、園藝、寫詩，什麼都好。任何對你的工作或人生目標沒有幫助，但意義重大的。

它們能在你傷痛、失落，或是茫然無助的時候成為你逃離或療癒的地帶。你永遠都需要一個安全地帶，讓你毋須與人比較或競爭時抒發精力。

第三，反抗。

你需要反抗因為你是獨特的。你有屬於你的想法、信念，或是對你重要的事情。有時候你會覺得自己因此而格格不入，需要大聲吶喊。

反抗是表達、溝通，以及讓世界變得更好的方法。但也請你不要為了追求時髦，或者為了與人唱反調而反抗。

你要為信念、社群未來，為一些比自身宏大的事情而反抗。你會因此而成為更好的人，而且活出有意義的人生。

請你為愛而反叛。為對於人生、對於社群、或是對於朋友的愛。愛能支撐我們走過混沌、動蕩，並讓我們可以更加強大。

第四，學習分辨、接受有建設性的批評，即使是最嚴厲的批評。

有些批評企圖摧毀你，有些會協助你成長。

在逆境與挫折之中，尋找機會學習及變得更強大的機會，學習如何迎接下一個難關。把那些挫折視為對你意志的測試，每個挑戰作為品性的測試。盡可能保持冷靜；如果你覺得自己會失控，就找些時間及空間來容納更多觀點。

你必須堅定。不要因為害怕失敗而放棄；但也需要學習放棄，當你有勇氣承認錯誤以及修正錯誤時。

第五，迎向未知。

要探索、冒險，翻開那些未見之事。

世界是無從預知的——我們現在正經歷著空前絕後的全球疫症、獨裁者所發動的戰爭、甚至嬰兒配方奶粉因黨派政治而更為短缺……難以想像的事情層出不窮。

但它們確實地發生了。你在課堂所學習的知識不一定足夠讓你理解、安於這個世界。我們沒有必然正確的答案，亦沒有預設的路程。

人生的方向多變，有時候也不一定是壞事。我出生於藍領家庭，爸爸是建築工人，而媽媽是清潔工人。我從小被訓示要循規蹈矩，及不惹麻煩。但後來一連串的轉捩點讓我活出了意想不到的模樣，成就了一個從沒想過富有如此意義的人生。

只有接受失敗的可能性、勇於冒險、明白自身的脆弱，預備好隨時適應，我們才能走上屬於自己的路。它可能會帶領你到陌生或是未知的地方，但它必然是一個有趣的、最能回應這個詭譎世界的路。

讓我以個人的故事作結。在考上大學之前，我因為公開試失利而錯失了一個學年。那時候我感到很挫敗，認為我浪費整整一年的時間。但也因為我晚了一年入學，輾轉之下我在二〇一四年，雨傘運動爆發那年，成為了學生代表。那場運動成了香港人對抗謊言橫行的中國政府的轉捩點。我踏入聚光燈之下，成為了社運人士——從那個起點開始，接著都已是歷史了。

有時候我們發現自己置身困頓之中，總是在回顧的時候才發現那些破事其實是一種祝福。對我來說，能夠站在這典禮台上絕不容易。邀請一位香港社運家來校園致辭，為他頒上榮譽博士的名銜，絕不是沒有代價的。我想就此再次衷心感謝華盛頓傑佛遜學院的款待以及友誼。

我們的前路，由我們決定。我會繼續前行，而我希望你也一樣。感謝你們的邀請！恭喜二〇二二年畢業的同學！

十一、無愧於心

二〇二三年暑假，我在台灣。當時一連七天下著大雨，城市的濕熱夾雜交通廢氣，空氣混濁得令人呼吸困難。七月三日下午，我的手機不斷傳來震動通知。我打開電話，看著一則則指我在Twitter（現已更名為X）被標注的訊息，我便知道大事不妙。點開通知，手機切換畫面，一個記者會的畫面映入眼簾，主持人背後的螢幕展示著我的樣貌。

我認出了那個主持人。他是香港警方國安處總警司李桂華，一直負責國安處對外傳訊工作。查看貼文的描述，原來我又再次被指名為警方通緝名單。多年來警方一直指控我違反《港區國安法》，卻從來沒有談及細節，包括背負哪些罪名、存有哪些證據等等；如今，一切都以如此誇張可笑的方式披露。

我被指干犯《港區國安法》第二十一條「煽動分裂國家罪」和第二十九條「勾結外國或者境外勢力危害國家安全罪」，並被懸紅港幣一百萬元，任何能提供線索將我緝拿歸案的，都可獲得懸紅獎賞。我與其他七名異議人士（之後增至十三名）的通緝令隨即在香港的機場、屋邨等公共場所張貼，成為後國安法時代香港的詭異街景。

隨著事態發展，大量媒體查詢湧入我的通訊裝置，我只好擱下行程，在這個本應放鬆的時間，面對一波又一波的壓力。身為已獲難民身分的流亡者，這些通緝令只剩下象徵意義。除非我在海外遭到中共綁架，否則沒有民主國家會將我引渡回港，我也不會踏入與中共友好的國家「自投羅網」。香港政府深知此事，於是他們在高調懸紅後，轉而滋擾我的家人、朋友。

在隨後數個星期，以往曾在眾志合作的伙伴們和我的家人，都被以資助倡議工作的名義帶回警署調查。港警深明在法律上，他們必然無功而返：我根本沒有與任何在港人士有直接金錢聯繫，我也早就斷絕與家人來往。即使如此，國安處仍然要進行這些「突襲」，因為這創造了媒體「證據」，去「證實」他們虛構的故事線：在香港，依然有嚴重的「國家安全隱患」，與海外的倡議者緊密合作。

看到這些新聞，我不禁搖頭嘆息。連坐法的懲處原則，竟然在現代香港重新上演。我的家人一直非常低調，在《港區國安法》落實後從沒接受媒體訪問，只想在香港淡泊、安靜過活。如今，卻又要因我對香港民主的追求而飽受滋擾。我也再沒有與仍在香港的前伙伴聯絡、合作，他們卻又要受這種飛來橫禍，惶恐地接受一次又一次的國安處盤問。

中共藉此向我施壓，而這些手段是卑劣、可恥，卻有用的。我很想承認他們對我毫無影響，因為如此一來，港警便不會再故技重施。但現實是，我可以忍受對在我身上發生的種種災禍，但禍及親友，令他們遭受不必要的恐懼，使我相當痛心、相當疲倦。當中共一次又一次挑戰抗爭者的底線，我們屢次堅忍抵抗，但我們終究並非鋼鐵之軀，內心柔軟的部分往往不時被刺痛。

香港海外社群逐漸壯大，尤其是最熱門的移居地點英國，地區組織如雨後春筍般蓬勃。然而，在《港區國安法》、《二十三條》等針對海外港人倡議活動的威懾下，隨著距離二〇一九年抗爭愈來愈遠，海外港人對政治性活動的熱情下降，也因恐懼被秋後算帳而減少參與。社區組織力增加，政治動員力下降，只能透過更多的文化、社區工作，並突顯港人在當地政治社群的影響力，藉此推動國際、香港政治的變化。

香港內外，又不如想像般割裂。大量港人每年外遊，總能將不再浮現在網路的資訊，帶給身處海外的我們。在外的我們，有責任主動地感受香港脈搏的變化，盡力理解城內變遷，不至完全脫節。

過去十年，我經歷了在香港播種、扎根，再被全盤拔起的過程。如今，在異地再次適應新身分，要將在香港的一切，變成各種遊絲，再結連至半個地球以外的英國，乃至世界各地。就像網際網路，就像人的思念，和愛。

有些險阻我們無法躲過，有些天真，無法迴避跌宕。

但我們都可以活出無愧自己的模樣，我如此堅信著。

談到流亡，我們或會想到某些刻板印象；但在二十一世紀，有它二十一世紀的模樣。
像在跑步機上，無止境地追著懸掛的目標奔跑；
像漂浮在大海上，無助又難以抵岸；
又像駛往他方，偏離了軌道，終能慢慢尋回屬於自己的路；
也像處於冬眠，養精蓄銳，靜待時機。
很多問題，沒有盡頭。
而我們，都正在努力地寫出答案。

第三部 異鄉

CHAPTER THREE

一人之境

孤身一人來到英國，即使有各種的友好聯繫，在國際倡議、遊說工作中也得到很多朋友支持，這與以往帶領一個團隊是截然不同的形態。仍在香港參與政治運動時，不論是競選辦公室、議員辦公室，還是管理政黨、政治團體，都有很多成員各司其職，在不同的位置為著同一個目標進發。在政治形勢急劇惡化下，在英國籌組一個團隊便更困難。

中共在各大官媒已宣稱我是「通緝犯」，與我合作的伙伴們，必定也會被扣帽子，變相成為中共眼中釘。因此，成為我伙伴的機會成本大增，他們需要有堅定意志，以及可能無法返回香港的準備。人在異地，對接觸者必然會抱有相當高的警覺性——在這種情景下累積信任，困難重重。畢竟目前所進行的都是高風險工作，要有一定程度的信任，才可以放心讓其分擔工作，並將一切資料保密，避免外洩。中共攻擊海外抗爭者的手段繁多，必須警惕這些滲透工作。

因此，我這幾個月以來都小心翼翼地行事，即使有相當程度的壓力，亦希望慢慢地尋找到合適的人。這種單獨行事的心理狀態，令我想念在香港一整個團隊奮鬥的時光。要統整一個團隊的意見並非易事，而在權力分散、架構平面，用信念團結和凝聚大家的社運組織，就更是困難。一路以來，我都是邊走邊學，希望能令大家的熱情不被磨蝕之餘，也會齊心向前邁進。回過頭來，我根本不可能知道自己是否稱職——一切已成過去，沒有什麼鬧劇醜聞，或許已是一個功績。

我一直都認為情商比智商更重要——要在關鍵時刻以及高壓環境做出最好的抉擇、講出最好的言辭，缺乏冷靜思維是不可能辦到的。高智商或許能令你在安全的環境下，找到解決問題的最佳方法；但政治環境風高浪急，也是最高壓的工作之一，稍一不慎，情緒管理不佳的人便會陷入焦躁不安，難以妥善應對問題，變相容易出錯。假若在劣勢時犯錯再被對方乘勢而上，便只會令自己陷入更大窘境。因此，在大事發生時，我經常都告誡自己要冷靜——不單是心理上，肢體、言語、眼神，都要流露出鎮定的感覺，皆因這有助令身邊的人冷卻情緒。這是我所稱的「999（香港緊急服務熱線）法則」：無論致電緊急服務的人多麼不安、狂躁，無論是發生火災還是謀殺，接線生的聲線永遠都是平靜的。這樣的反應可能會令人覺得不近人情，但事實上情緒是會互相影響和攀升，表現冷靜永遠是令對方降溫的最好方法。

而身為「團隊領袖」，更應是有一定的閱歷，具備同理心，去了解身邊的人所處的位置以及感受。在政治工作，這種特質更為重要——在選舉選區、抗爭運動所接觸背景迥異的人，收入、身分、職業、地位各有高低，甚至文化、語言都有可能大相逕庭，要令自己在不同人面前都具備說服他人的條件，是一種無間的自我鍛鍊，必須要具備足夠的同理心才可以勝任。否則便會淪為自說自話，無法突破同溫層，無法達到參與政治最重要的一環：爭取更多人支持你的信念。

未來在海外倡議工作的路仍然很漫長，唯有抱著耐性、毅力，才可克敵。這段時間，除了四處奔波，還要好好學習，讓學養化為力量，在這場馬拉松上持續邁進。我深信，總有一天，我會再遇到志同道合、可以並肩而行的伙伴。

（二〇二〇年十月四日）

待人之道，唯有真誠

在學運／政圈逗留久了，由二〇一四年開始參與已超過六年，輾轉經歷不少崗位，也接觸過不少在政圈中的人。由一開始在學生會慢慢跟著前輩們學習，之後在雨傘中成為「學生領袖」，之後經歷退聯的低潮、創立眾志時的「撞板」（挫折），再成為香港抗爭的其中一個臉孔，高低起伏，充實了我的政治路途。而參與政治，其核心都是如何「待人」——政治是關於人的工作，人與人之間如何互動、如何取信於人，如何能夠令你的理念感染到更多人，是每個從政者必須要一步一步淬鍊的技藝。而我的起伏正因我感受過人情冷暖：在低潮時得到戰友攙扶，或者於失意時遭到同路人奚落。

兜兜轉轉，在民主運動中營營役役的各位，多是因為理念以及價值而行事——因理念而匯聚的朋友，自然對於機會主義者、或過於「攻心計」，慣於計較利益得失的從政者反感，過多的計算反而成為自身苦無寸進的元兇。「真誠才是最大本領」，實踐自身理念、不計較得失，以運動目標作為最大的考量，這種無私的胸襟才能打動更多人，得到更多支持。

我遇過一些朋友，理念上是絕對堅實，意志也相當堅定，但卻讓人感到城府甚深，相處總感到彆扭。例如數年前出席某些有記者在場拍攝的場合時，我跟身邊的朋友正在聊天，記者正要向著我們提起鏡頭拍攝時，另一位朋友便上前把我擠開，硬要在鎂光燈下搶一幅合照。我也曾遇到表面上很友好的同路人，卻在某些時候試圖在我們組織內挑撥離間，拉著幾位好戰友在背後指我是大家的負累，不可能令我們的工作有所突破。

當然，這些計謀都總不太可能得逞，但過於耍手段的個人形象反而會令圈內人覺得這些同路人行事時，將個人得失放得太重，或會因此而忽略了背後的大格局，也容易失信於人。我們在增進學養、補充知識，了解世界局勢和民主價值之餘，個人的品格修養、人生閱歷，也是從政路途上必不可少的提升。大智若愚，當個人能力、品格提升到一定程度時，如何令群眾肯定你的能力、志向，就只剩下簡單的「真誠」一途。過多的遮掩、計算，只會得不償失。

待人處事包含著很多學問，也不是在職場待久了就自然習得。每個人去消化、理解事物都必然有其偏執，假如永遠只懂得從自己的角度出發，就只會停留在同一個層次，無法有效地從人生經歷中學習。只有不斷懷疑、重塑，並且認真地吸收各方面的意見批評，減少條件反射式的自我保護，才有可能不斷地進步。Be humble，就有多這一重意義。

（二〇二〇年十月二十日）

一籠燒賣

身在英倫，右軚車（右駕）、三腳插（插頭）、交通燈，這些生活日常都讓我感受到部分香港的氣息，也透露出兩地在歷史、文化上的淵源和關係。然而，離港四個月，怎麼也不可能稱一個新住所為「家」——畢竟我連是否長期留在英倫，都是懸而未決，因此更難產生歸屬感。與其他離開香港的狀況不一，我這次真的要接受數十年都無法回港的未來；無可避免地，這使我對香港的思念幾何級數地上升。

我經常會有些不切實際的想望：到底何時才能夠再望維港（維多利亞港）？何時才能在山頂望到香港的天際線？何時才能再身處嘈雜的廣東話中，嗅著遠處的咖哩魚蛋及臭豆腐？何時才能重踏回家的熟悉路徑，由東涌站走到巴士總站，再乘坐一程花費三．一元的巴士，徐徐回到家中，叫一聲「我回來了」？我家的房門背後掛著的相機，會不會也只落得乏人問津的下場，緩緩老去，直到不合時宜？

這幾天，我很奇妙地一直作著回到中學的夢，想像過著十年前的生活，享受著無憂無慮的日子。也許未來一段長時間都會不斷夢迴過去，回想在香港的每個場景、角落，不論好壞，不論新舊。

在腦海中強烈地意識到自己再也不能回去，真的是一種每天都掛在心頭的感覺。在我感到焦慮時，一盤港式的燒賣，總能讓我抒懷。這並非是因為燒賣有多美味，而是它滑進食道的感覺、香氣刺激嗅覺、用筷子夾起食物的過程，都讓我回想起一丁點的香港。

那是值得懷念的時光。

在我童年時，一家人很少到茶樓用膳，最直接的原因是貧窮。直到在大學就讀，我們幾兄弟可以兼職分擔家庭開銷時，才漸漸有能力多去茶樓。在傳統家庭的氛圍下，大家在家中餐桌上都比較少說話；去到茶樓熱鬧的環境，看著新聞，才比較會把話說開。我們就這樣變得更認識彼此。

但在大學時，我也因參與社會運動而更少留在家中，即使經濟比較能負擔時，也沒有很多時間在屋邨酒樓與家人吃飯。往後的人生，政治工作更是繁忙，惟獨在剛剛出獄、美國進修後返港與家人同住的時間，才較能恆常地在週末飲一餐茶，作為一星期周而復始的標記。

這些日子都不會重臨了——沒有過多悲傷，這只是在紛亂的世代下，無可奈何地接受的遭遇。但能夠重溫踏過茶樓的感覺，也算是對美好記憶的懷緬。幸運地，我在英國遇見一些朋友，他們也對一盅一件有著濃烈的情感，加上有一所品質保證的茶樓，就變成我另類的comfort zone，在木柵和紅燈中感受香港。

一件燒賣、一隻鳳爪、一盅蒸飯，在永恆變幻的生活和世界之中，像鐵錨一樣將我的思緒拴在那些年的時空。香氣四盛時，我感受到家的溫暖。

（二〇二〇年十月三十一日）

牌愈爛，就要愈俾心機打！

恐懼是極為容易傳染的。

早前香港電台將我的訪問下架，當下決定的高層遭員工質問時，他給予了模稜兩可的回覆，表示因為我觸犯《港區國安法》被警方通緝，故暫安排節目下架。當然，到目前為止已事發多月，節目還未重新上架。

事件發生後，港台工會有一連串的抗議，令我為著一批守護言論自由的傳媒人感到驕傲；但同時，在往後的時間，也使我感到香港傳媒度過了一段短時間的摸索期，疑惑著「訪問羅冠聰是否會觸犯紅線？」因此我在那段時間接受到的香港傳媒訪問劇減，也有記者與我閒談時透露了這種恐懼。

當然，之後傳媒多番「試水溫」後，慢慢開始援引、採訪我時，又發覺應該沒有問題，因此我再重新活躍在香港的新聞報章上，接受了關於美國大選、國際線等工作的訪問。然而，即使之後相對地回復正常，這種遲疑折射出在國安法的陰霾下，專業人士的不安與惶恐——害怕按本子辦事卻被安上「不愛國」的罪名，害怕堅守專業價值卻成為被政權指責、攻擊的根源，皆因政權希望黎民百姓盲目聽從他們的指令，只做出有利中共的抉擇。

目前，教育界可謂遭到「中共邏輯」入侵得最猛烈的界別。不論被捕教師面臨秋後算帳、教導學生對「港獨」議題有全方位和獨立思考的教師被停牌（吊銷執照），或是大專院校紛紛與學生會「割席」（劃清界線），禁止他們舉辦活動、甚至停止代收會費等，都是在高舉「政治正確」的原則底下，扼殺一些基於「教育專業」所做的決定。提倡獨立思考、鼓勵多元認知、協助學校自治組織這些教條，都在中共的唯我獨尊的政治利益下被犧牲。

然而，這種緊跟主旋律的風氣必定蔓延——例如在法律界，或者有朝一日，替抗爭者辯護、守護司法獨立的律師，可能都會像中國大陸維權律師般被控「尋釁滋事」；基於不能協助抗爭犯的原則，法援署職員亦可能不再批出任何資助予被告；甚至在批鬥浪潮下，只憑法理判罪的法官都會飽受壓力，輕則被調往非政治法的法庭，重則甚至「被離職」，將所有膽敢忤逆中共的法官掃出門外，只剩下重罰「黃絲」（民主派異議人士）的法官。

面對政權大刀闊斧將香港破壞得體無完膚，在不同專業工作的大家，想必也感受到一點點的白色恐怖，亦會某程度上害怕被政治打壓。誰沒有生活上的負擔呢？就算自己可以承擔後果，假如連累到家人、朋友，其後果便更難以負荷。因此，其實我很尊敬依然在傳媒界、教育界、法律界緊咬牙關對抗的人。我們都有不同的位置——社會需要有一些非常高調、勇敢發聲的人，用他們的感染力令更多人投身守護我城的行列；但同時，我們也要一些靜靜地守候在自己崗位，當政權一步步進逼時低調頑抗，或者避其鋒芒，再等潮退時收復失地的人。

我們需要箭頭，也需要盾牌；我們需要激情，也需要耐性。恐懼是會傳染的——但假如我們在遭到威嚇時不先後退十步，而是每後退半步時都築起堡壘，然後在日常中慢慢跨越雷池試探，敵軍便不會如入無人之境，「守得幾多得幾多」（守住多少算多少）。我始終相信，「不合作運動」源自日常，不單是一種策略，更是一種意志、鬥志。也許我們都無法在短時間內看到香港光復，但至少能令香港減慢沉淪。

在電影《嚦咕嚦咕新年財》中，劉德華有句話說得很中聽：「牌愈爛，就要愈俾心機打。」（牌越爛就要打得越用心）希望各位也不要只看牌面就放棄——亂了章法，只會輸得更慘。

（二〇二〇年十一月十三日）

為中大心痛

記得在我高中填寫升讀大學的志願時，我將中大政治及行政學系放在首位。一直以來，倚山而建的中文大學散發濃厚的人文氣息，校園議政氣氛熾熱，我在高中時便曾想過高考後會於中大某處與同儕激辯至天明，年輕的精力讓我們能再吃個早飯，興高采烈地入睡。

那是理想、抱負的象徵，是我希望能夠安身的校園。

我對中文大學的投射，是源於在中六時與朋友一起到中大開放日，像是「大鄉里」（鄉巴佬）進城般，親歷這座大學的廣闊和教師的熱情。我一直在東涌長大，就讀在屋邨附近的中小學，在真正開始報考大學前，都沒有拜訪過座落香港各處的大學。香港大學、中文大學、科技大學等耳熟能詳的盛名，我在高中時都未曾見過其廬山真面目，一直只能透過文字幻想他們的模樣和氛圍。

在我中六時，以上三間大學，我只去了中文大學的開放日，皆因有認識的朋友在中大協助他所屬學系籌辦開放日攤位，故我便獲邀到山上參觀。當時只有十七歲的我青澀非常，連新界東的火車也甚少乘坐，膽粗粗相約朋友在大學見面，獨自由東涌乘坐長途地鐵。抵達大學站後，我跟隨人流走到校巴站，當朋友告知不用出示學生證上車時，我仍相當膽怯，生怕被車長揭發我這位低齡學生，把我從只供「師生專用」的巴士趕走。校巴吃力地爬坡時，我看到不遠處數個草地足球場，暗暗地許了個願——我希望可以在這些足球場上馳騁。事後我才知道，原來不是每間大學都有校內穿梭巴士，也不是每間大學校園都像中大的那麼寬闊和優美。

抵達與朋友相約的地點後，我便啟程到政治學系一探究竟。當時，我仍未熱中於政治和社會事務，只是隱約覺得在經歷中學「填鴨式」教育後，應該要到大學學習「思考」，而政治學系可能是一個好選擇。與朋友在講堂教室坐下時，便見到周保松、馬嶽、關信基等鼎鼎大名的教授站在台上，逐一向學生拆解政治學系的課程，以及他們對教與學的願景。

事隔良久，我已完全忘記了當中的內容，只依稀記得當時的我深受啟發，很渴望跟隨這些老師學習。我印象最深刻的一個畫面，是周保松老師站在講台前，發言時那種相當獨特、不斷蹬腳前傾的講話姿勢。再遇周老師、並以學員身分接受他的教導時，已是二〇一四年；在一個於中大舉辦的夏令營中，以嶺南大學學生的身分與學者們對話。那時我有幸住在中文大學數天，終於能感受那種自成一格的氛圍。

當然，這些剪影絕對是浪漫化了這所大學，很多在中大讀書的朋友也許都不盡同意我以上的描述。然而，這所大學的歷史、文化、氛圍，的確形成了學子對風骨、儒雅、人文氣息的想像，特別對中大的人和事有所追求。

去年反送中運動期間，黑警攻打中文大學，學生奮力抵抗，段崇智尚且抵達現場，在試圖緩和緊張局勢時，意外被黑警「請食」催淚彈；直到今日，中大管理層手刃學生，保安為黑警國安處開路，並時刻提供學生的彩色大頭照，協助黑警鎖定在校園遊行、喊口號的「肇事學生」，好讓黑警把他們抓進監牢十年八年。

我不是中文大學的學生，但我眼見此情此景，內心在痛。為這些畢業學生心痛，為中文大學的風骨心痛，為香港而心痛。

面對學校管理層報警所為，當然可以有一萬個藉口，替他們開脫，指他們非做不可。這些都只是捕風捉影的說法——最終，只有一個事實，就是他們背叛了學生的信任，他們背棄了學校應該守護的價值和信念。

「這一場革命最終無人取勝，但請你留低一起做見證。」願這批在學校高舉信念、參與遊行的學生安好。

（二〇二〇年十一月二十一日）

不被玷汙的勇氣

昨日一則最令我震驚的新聞，是在香港中學文憑考試（Hong Kong Diploma of Secondary Education Examination, DSE）歷史科考題爭議中，請辭的考評局評核發展部經理（歷史科）楊穎宇向同事坦露心聲，非常直白地披露請辭是因「龐大政治壓力」。在信中，他亦提及局方決定取消試題時其實已設置「斷頭台」（guillotine），只待接納教育局專責小組調查報告，便會把他「處斬」（blade would drop），反映整件事宛如一個「陷阱」，是中共借機接手教育界的一則黑色荒誕劇。

香港的教育體制一直是中共眼中的一根釘。在二〇一二年國民教育科被逼撤回後，國教科當中的盲目愛國主義教育一直都被「化整為零」，融合在中小學的課程和教科書改革中。過往就一直有教科書內容遭到刪改，並將「政治正確」的資訊放入書本。在一八年媒體便曾報導在不同小學常識教科書中，相繼出現政治性的字眼修改，例如將「中華民國」的字眼刪除，並以「台灣省」三字代替，矮化了中華民國在中國歷史的角色以及台灣的地位。

但在抗爭運動之後，中共嫌這種「螞蟻搬家」的教育改革進度太慢，決定大刀闊斧，並先以通識科作為引爆點。近年以梁美芬為首的建制派紛紛指責通識科及其教師為香港「動亂來源」，並直指當中就人民與政權、抗爭和法治的課題內容令學生思想走向「偏激」。當然，這些都只是親共人士為其扼殺學生獨立思考的說辭——通識教育充其量只能令學生有多方面思考，當中教材甚至早已被一些進步的教育學者視為「保守」，無法激發學生的創造力。培養這種「換位思考」的能力，在「唯黨獨尊」的時期下，也無奈地被一眾只懂得看共產黨臉色的賣港人士視為禁忌。

除了輿論上不斷的鋪墊，當然還需要戲劇性的轉折，才令廢科的命令來得「出師有名」。結果，往年歷史科的試題便成為犧牲品，藉此塑造「香港教育體系不聽話」的整體觀感。透過極為牽強地取消試題來引證「黃師亂港」已深入體制骨髓的謬論，從而揭起龐大變革的旗桿。這種針對「成年人」的批鬥風潮，也符合了中共一直以來定義香港抗爭的框架：年輕人都是被誤導的，他們是「幕後黑手」的扯線公仔，無辜地成為棄子。

即使身在局中的港人明瞭這種說法多麼可笑，中共的算盤是將謊言講一百遍，令它成為似是而非的說法，「汙染」沒有深究真相的人的資訊。也許我們是時候再次提醒自己：通識科沒有本質的問題、歷史科試卷考驗考生「一九〇〇至一九四五年間，日本為中國帶來的利多於弊」是沒有問題的、考評局職員不應該因政治壓力而「被請辭」。

但中共完全掌管香港教育體系的決心似乎相當龐大——在中共全面監視下，教育界所受的壓力，相信在日後只會有增無減。在此情景下，我卻在這封楊老師的道別信中看到一點希望。在他於教育界的最後一刻（相信他將會遭到中共無情封殺，沒有學校或教育機構會膽敢再僱用他），他用真相對抗了恐懼、謊言——他指出了整個騙局的設計，指出了考評局遭受的政治滲透和危險，並指在風波當中的遭遇是「最可恥的」。這種直接面對中共的勇氣，是難能可貴；即使披露了這些事實也於事無補，但起碼成為了流傳後世的警世之言，活出了人生磊落一刻。這種勇氣，或許在無言中感染了教育界的同儕，令他們在最艱難的時候，即使無法強烈反抗，亦不同流合汙，將光明和真理長存心中。

這種不被玷汙的勇氣，正是迎接未來最重要的特質。

（二〇二〇年十二月一日）

低谷、幽暗與希冀

不論在香港還是在海外，每天都看著一宗又一宗的壞新聞，無論心臟如何強大，難免會染上失落和沮喪。

但正因我經歷過低潮，我才更明白社會運動的週期，以及在低谷中如何熬過幽暗，再找到陽光，以及重新振作的機會。

社會運動本就是強弱懸殊的對決。無論是如何盲目樂觀的人，都不會誤以為中共手握的資源和影響力，是示威者可以比肩的。甘地反殖民運動、曼德拉的反種族隔離運作，更切身一點的台灣民主抗爭，其經歷是慘烈且漫長，只有在天時地利人和的條件下，才可以從暴政強權手上重奪權利和自由。

忍耐和意志，是必不可少的。失敗並不可恥，失敗亦不必絕望，然而假若就此垂頭喪氣、不作思考，盲目讓勝負心充斥腦袋並指揮言行，變得犬儒起來，就不太OK了。正如全盛時期的巴西隊對上處於低谷的香港隊一樣，無論被進多少球，支持的都只會是那一隊紅色波衫（球衣）的自己人。只要球員願意盡力比賽，即使落後，都不能放棄。

當然，足球勝負是身外物，然而政治乃眾人之事，抗爭所帶來的影響，是一個人的前途和安危，也是一個城市的未來。由懂事開始，看著○九年五區公投、一○年菜園村反高鐵、一二年碼頭工潮、一四年雨傘運動、一八年反一地兩檢等等……這些社會運動，又何嘗不是鎩羽而歸？一二年反國教運動是異例，達到某種階段性勝利；但實際上，國民教育也已化整為零，慢慢滲入我們的教育體制中。

記得小學時期讀過一篇文章：「人生不如意事，十常八九。」放在社會運動的框架中，也是同理。這是社會運動的天然構成：正因為當權者權力過大，對無權者的剝削、打壓、欺壓達至一個不能容忍的程度，才會有這一群拋開了個人利益得失、以價值主導行動的人民，拚命反抗。而這種權力懸殊的結構，是社會運動的前提，也是我們需要學習與之相處——失利原是難免，關鍵是我們如何與之相處，並保有爭勝的決心。

香港抗爭者所遭受的打壓愈來愈大，所受的苦楚愈來愈深——輕則有心理創傷，重則被失蹤、被侵犯、被長年囚禁。在低谷時的幽暗，比以往更冷冽刺骨。但我們的希冀，是不能被這種困苦所折損的，因為沒有希望，就沒有動力和改變。

「希望是美好的，也許是人間最美好的事；而美好的事物，永遠不會消逝。」（Hope is a good thing, maybe the best of things and no good thing ever dies.）——《刺激1995》（*The Shawshank Redemption*）

抱持希望，不代表天真，也不代表對苦難視而不見。心靈最強壯的人，是能夠直視痛苦根源，願意與之擁抱，卻不失對美好的渴求以及盼望。我其實沒有資格去評論人的失落——皆因我非最被折磨的人，我在運動中的付出也只是相當有限，不比每天都要面對牢獄的手足。然而，在外的人、尚未被政權打壓得最暴烈的人，我們也要在黑暗中不斷用拳頭擊穿木板，透過苦澀來告誡自己，一天球賽未完，一日就要忠於球賽，用自己的角色為落於下風的香港人支持打氣。

與球賽不同的是，民主運動是沒有時限的，也有很多外在因素決定勝負。有時你以為已經吹哨終賽，卻很可能只是中途休息，或者提醒你還有很多個下半場。或甚作為球賽一部分的你，其實有能力左右這個過程，決定它何時完結。結果會是如何，一直尚未知曉，也不必為此蓋棺定論，來論證一家之言。

踏入二〇一九年抗爭運動後，民主運動已超越了以往以具體事件為基準的模式，全面進入曠日持久、在公民社會各種層級揭開戰幔的時代。走步至此，對於我們信念、凝聚力、耐力的考驗，都比以往更具挑戰。但與此同時，我們帶動世界的能力，也比以往數十年提升了幾個層級。即使轉折是漫長，但改變卻是持續發生。

天空愈暗，星愈亮。在寒冷的冬季、應該在愉悅的聖誕節到來前，深呼吸一口氣並繼續前行，也惦念著流浪天涯、困在鐵窗中的各位。

（二〇二〇年十二月十三日）

活出真誠

「鬥黃」成為了熱議概念。在黃色經濟圈上，會鬥誰聘得多手足、誰捐出最多款項；在個人層面，會鬥有無光顧藍店，有無讚好親中藝人的社交媒體；在抗爭參與上，會鬥誰走得更前，甚至誰被捕得多。然而，「鬥黃」的競賽，很多時候都不是自己參與——多是第三者依此作為一個評鑑的準則，去評斷哪些目標值得支持。當中有成功的例子，例如對TVB、美心集團的瘋狂狙擊；但同時亦有擦槍走火的例子，動輒令被炒作的商戶或個體飽受攻擊，卻事後發現罪不至此或錯怪別人。

當一把雙刃劍放在我們的面前，是用，還是不用？也許，這已是太過籠統的問題——真正的問題是，到底何時才需要「鬥」？「鬥」的界線，又在哪裡？

活出真誠，或是活在謊言中？

天鵝絨革命發起人、前捷克異議人士，之後在國家民主化後當選為總統的哈維爾（Václav Havel），在政治遠比目前香港封閉、七〇年代下的共產捷克中，談論過「活出真誠」（Living in Truth）的重要。當時的捷克政局封閉，任何有效的政治組織、抗議都無法舉辦，市民終日活在惶恐之中，戰戰兢兢地服從著政權畫下的條條框框，深怕有任何逾矩的行為，都怕被「點相」（認出）、出賣，遭到政治報復，甚或滅頂之災。

在這種政治氛圍下，便有人選擇「活於謊言」（Living in lie）。哈維爾在《無權力者的權力》一書中，提到一個很著名的例子——賣菜大叔會在商店櫥窗展示「全世界工人階級，團結起來！」的標語，這是政權分發予眾人的，目的是要求他們掛在商戶外，以展示他們的忠誠和臣服。這種表忠的「儀式」，正令賣菜大叔活在謊言之中——他深知自己並不是基於相信這句標語的內容而展示，而是透過此舉來避免被政權盯上，並在被質問的時候以「為何工人不可以團結」等話語脫身。

這種狀況是否很似曾相識？無論是周柏豪展示的「止暴制亂」，或是楊千嬅等向中共「護旗敬禮」，都與這個賣菜大叔無異，都是活在謊言中。對他們而言，這種「儀式」只是一張護身符或入場券，透過販賣中共所傳播的意識形態，來換取他們在演藝途上的紅利，成為政權散播維穩意識形態的幫兇。當被質問時，他們便可大模厮樣地說「我討厭暴力」、「每個人都應該愛國」；但實際上，此舉加深了政權對反送中運動的汙名化，因為這些標語所創造的「景觀」

會令不「歸邊」（選邊站）的人感到壓力，亦提醒著眾人「識時務者為俊傑」的道理，並令真正需要為「亂局」埋單的政權逃脫了責任。

到底是誰的暴力需要被制止？誰施展更大暴力？亂局是由誰引發？當權者應否為此而負責？這些問題，將「止暴制亂」掛在口邊的「偽人」，自然是不懂得回答，因為他們根本沒有深思過這些問題。

而「活出真誠」，正是活出人性自由和多元，各人不因政權所設的條條框框而自我局限，在各自的領域上追求自己所嚮往的事情。促使「七七憲章」[1]運動的並非是政治事件，而是一班被名為「宇宙塑膠人」（The Plastic People of the Universe）的搖滾樂手因追求創作自由、唱出所想而被審訊所引發。在極權社會只容許所有人服從的情況下，順從自己對自由的追求，已是挑戰政權所為。活得磊落真誠，不代表要每天都舉「五大訴求，缺一不可」手勢，或者指著林鄭說「光復香港」——它可以是任何反抗操縱的行動，由一場音樂會到示威，由杯葛TVB、退訂藍色媒體，到支持黃圈藝人、餐館。在被中共設局陷害而離職的前考評局經理楊穎宇訪談中，我們可以見到「活出真誠」的精神：「其實我無乜（沒有）特別政治傾向。我只會認我係一個

1　編註：七七憲章是由不同領域的人士起草、簽署而成，目的在要求捷克斯洛伐克政府遵守一九七五年所簽署的《赫爾辛基最終法案》（Helsinki Final Act），保障基本人權與人民的言論、思想自由。

讀書人，僅此而已。因為每日接觸嘅（的）訊息太多，任何嘢（事情）我都會去思考。史佬（歷史愛好者）係一個原則，有一分史料說一分話。」

這些行徑雖然不是政治行動，或甚無政治能量可言，但卻蘊含著政權一旦打壓便會遭人討伐的潛能，皆因每個人心底都是相信著人生而自由，從而抗拒政權剝削人的尊嚴和價值。這種「非政治性」的行為，甚至更能引起黎民百姓的共鳴，從而誘發全民運動。

尋找更多盟友，而非樹立更多敵人

活在政權的全面監視底下，當每個人都有其負擔、工作時，我們很難直接將所有人的付出和犧牲比較。而所謂的「鬥黃」，其實就是希望劃分出一套準則，讓我們透過價值觀來判別誰敵誰友，想將時間、金錢花費在適當的人身上，壯大自身、打擊敵人。那麼，我們便必須要問：到底怎樣的心態，才能將「強壯自身、孤立敵人」的戰略發揮到最好？

在最粗略的意義上，我們便要區分活在謊言或真相的人。甘於自我蒙騙，從而接受政權委派的任務，成為傳播極權意識形態的人或企業，正是我們需要針對的。愈能向市民揭露他們的虛偽，便能破壞這種由政權透過他們合作所營造的「景觀」，從而削弱他們傳遞統戰訊息的能力。

不是活在謊言中的人，即使是錯買藍底商品服務、專注自己的工作而缺乏政治敏感度，或者因為各種限制而無法表態的人，我們都不應過分苛刻、用最嚴謹的標準去攻擊他們。這並非是說不要將政治與日常掛勾——將抗爭融入日常，是民主運動的突破。但我們都必須要理解，即使事情看起來不太「政治化」，仍是會有將其轉化成政治事件、引發抗爭的潛能。而一時三刻「行差踏錯」、沒有替政權背上標語橫額的人，其實並非我們要窮追猛打的對象。事實上，以哈維爾的說法，我們所有人都是極權的受害者與幫兇——用最嚴謹的態度，我們有交稅、有使用公共服務、有各個程度上與政權配合（例如抗疫），那麼是否每個人都應被徹底檢驗？避免將尺度縮得太窄而排拒了潛在同路人，是我們都應注意的。

在引入「敵我矛盾」（區分黃藍）的概念時，我們必需意識到這個策略的前提是尋找更多盟友，而非樹立更多敵人。沒有策略是愚蠢地將自己推到孤立和內鬥邊緣，我們必需透過公共討論，輔以一定程度的胸襟以及戰略意識，才可以令這些策略推動運動，而非在低潮時變成互相指責的利器。

歸根究柢，這篇文章還是「標題黨」了——我也不太可能提出一個完美無瑕的框架，讓大家思考如何去蕪存菁，保有真正對「黃圈」有價值的審視標準。但我期望這種「活出真誠」的方式，讓很多抱有無力感的朋友多了一點盼望，也對自己專心致志的耕耘有一點的信心。在民主的路上，我們還是要三省吾身、保持謙卑，才可令更多人一起前行，而非感到厭倦。

（二〇二一年一月一日）

應付假消息的三種方法

兩星期前，有一則「新聞」在網路上廣泛流傳：眾議院議長裴洛西被捕、梵蒂岡教宗被捕、義大利總統被捕，更早之前希拉蕊被捕、歐巴馬被捕，華盛頓戒嚴，軍隊叛變……

有循可靠管道理解美國新聞的聽眾都會覺得這樣的「資訊」相當荒謬——假若美國政局動盪如此，有可能只有一些完全沒有公信力（credibility）、名不經傳的新聞網傳播嗎？美國各家傳媒機關，由左至右、由大至小，為何都沒有任何關於這些爆炸性新聞的消息？這是能以一句「深層政府」（Deep State）就能解釋嗎？

事實上，這則「裴洛西被捕」的新聞發布之際，華府證實了裴洛西本人正主持眾議院會議，只要稍花力氣查證，這種謬論根本站不住腳。然而，為何內容農場會不斷發布這種假消息？為何這種假消息又在網上廣泛流傳？聽眾又要如何應對這些煽動性的驚天大新聞？

這則消息源自於一月十號一則連結至日文網站「Share News Japan」日本Twitter的文章，日本事實查核推廣協會（FactCheck Initiative Japan）查核後指出，該網站是內容農場，專網羅各種不明訊息來賺取流量。內容農場透過吸引市民點擊的標題，從而「騙取」網路使用者進入網站，透過大量的廣告展示、點擊來賺取收入，「鏗鏘集」便曾介紹內容農場的營運邏輯和狀況，非常值得收看。

而內容農場如何突圍而出，在芸芸新聞網中吸引讀者點擊？正是靠著「創造」一些新聞網不會得到的資訊，愈「新鮮」、「爆炸性」，便愈多讀者因好奇心而點擊。內容的真偽並非這些內容農場考慮的因素，因為他們並不需要長久的聲譽，並經常以「金蟬脫殼」的形式，來創造新的網站，拋棄了舊有被使用者唾棄、風評甚差的網站，繼續騙取流量。

因此，第一個避免輕信這些「謠傳」的方法，是「到各大新聞網、事實查核網翻查資訊，並了解首個發布新聞的媒體的背景」。假如是毫無公信力可言的「內容農場」，又沒有各大傳媒的報導，消息的可靠性便會成疑。

然而，為何這些資訊即使相當不可靠，仍會在網路上謠傳呢？這讓我想起了某位台灣時事評論員在一月十日的貼文。洋洋灑灑上千字的文章，先以「網路流傳小道消息」援引以上消息，繼而深層推演，以錯誤的論據推導出他的群眾希望得到的結論，藉此加深了這種「資訊」的可靠性。

這種網紅不經查證，只援引「網路流傳小道消息」，傳播這些顯然是假新聞的資訊；當資訊被揭穿後，便以「道聽途說」的藉口推搪散播謠言的責任，然後繼續以這種吸睛的言論增加流量。然而，在整個過程中，受害的卻是社會、聽眾，在缺乏真實消息的前提下理解世界，亦削弱了社會討論基礎以及市民之間的互信。

因此，在網路接觸資訊，我們必須抱有戒心，切忌單單是因為資訊「合自己口味」，從而減輕了對假消息的防備，令一些看起來不太可能發生的事情，變成自身對世界的認知。

「主動尋找新聞來源，勿輕信網紅、時評的新聞資訊，並養成評估他們可靠性、可信度的習慣。」

在資訊愈來愈碎片化、網路世界愈來愈部落化的時代，作為讀者要如何更新思維，也是關鍵。以往在看電視新聞的年代，我們會將判別資訊的權威交由發布者負責。新聞台的編制龐大，由具有專業知識的編採人士去蕪存菁，搜集資料，因此大家傾向信任新聞的來源和可靠性，成為一個相對被動的資訊消費者。

但在網路時代，很多人對於資訊來源的變化掌握不夠深入，從而錯誤判斷了資訊的可靠度。例如以往我的母親在剛接觸社交媒體時，經常說「臉書講……」、「朋友圈講……」，而非留意是誰發布這則資訊。在她的腦海內，臉書／朋友圈似乎是與「有線新聞台」這種新聞媒體掛上等號，她對「自媒體」的世代運作，毫無概念。經過一段時間，才能令她明白在臉書所看到的動態消息，並非由「臉書」這間公司發布，而是由一個個用戶所發出；作為「消費」這些資訊的讀者，我們便要主動地判別哪些是可靠，哪些能夠「一笑置之」。

因此，其實對於接觸網路世界不久的使用者而言，這種認知思維的轉變，需要一點時間消化。要判斷哪些人及群體可信，也是需要花上時間和精力的。但有一個核心原則，是無論如何都不會改變的：愈嚴重的指控，就需要愈強力的證據。證明一個人闖紅燈，和證明一個人犯下謀殺的罪行，所需要的證據門檻是有極大差別的，因為後者罪行嚴重，所承擔的罵名和後果也嚴重得多。

同樣的道理，其實是用於我們去判斷資源可靠程度上。例如在西方社會的一些陰謀論群組中，也流傳「武肺是政府陰謀，5G通訊設備傳播病毒」這種言論，在去年四月便有人因此在英國伯明翰焚燒手機基站桅桿（基地台）。他們的佐證和論點多是極為薄弱的，包括「5G技術抑制免疫系統」；但當被反駁時，他們便會搬出似是而非的「證據」，最終會反問「那你能證明5G不會影響免疫系統嗎」？

這種詭辯是難以擊倒的，因為他們將舉證責任放在反駁者身上，而非提出理論的人。這就等於要求被律政司控告謀殺的被告，在政府證據薄弱時證明自己無罪，是推翻我們慣常認知，亦令政府逃避了舉證責任。當你千辛萬苦成功援引資訊證明「5G不會影響免疫系統」後，又會有新的理論，例如「5G影響腦電波」、「5G影響幹細胞」等，結果只會令提出陰謀論的野心家繼續炒熱議題，從中獲利。

因此，最佳的方法其實是教育群眾，要懂得去辨別這些資訊／理論需要什麼資訊去支持，從而令陰謀論者的市場收窄。放在「裴洛西被捕」這則假新聞上，至少都要有她被扣上手銬，或者她真的秘密消失了、有某些政府官員放話，才可以稍微採信吧？如果一則內容農場的「新聞」都可以令大家相信這則新聞，這顯然是沒有將「指控匹配證據」的想法套用在消化這種新聞上。

「愈嚴重的指控，就要愈有力的證據；若缺乏有力證據前，理應再三存疑，並不要協助發布，避免消息流傳。」

花如此長篇幅去探討內容農場／流量網紅／讀者責任，目的都是希望能減低各個群組之間的知識鴻溝；當大家對事實的判斷愈接近真實，我們討論的基礎便會相應擴大，從而養成更優質的討論氛圍，更能為民主運動謀求出路，培養公民社會。在光復香港的路上，也許我們也要從「光復」自己做起——每日，都要做一位比昨日更好的公民。

（二〇二一年一月二十六日）

在聆聽比說話更重要的年代

小學畢業時，老師送給每位同學的全級畢業照上，他寫上「冠絕聰明，口齒伶俐」，來形容我小時候的模樣。當然，這種形容有浮誇的成分，就如菜販稱呼每位遇見的女士為「靚女」（美女）一樣，都是屬於禮節。但顯然地，我善於表達、樂於發言，在小學開始便被旁人發現這個特質。

但這並不代表「講得好」。

直至中學，這種特點也被辯論隊的老師發掘，便將我帶到新成立的辯論隊，更在之後成為隊長，帶領一眾同儕挑戰各大辯論賽。雖然我並非是最出色的辯員，但也時常在比賽中得到評審和老師的讚賞。辯才能應用在合適的地方上當然最好，但使用不當時，也可以是一種弱點。「多嘴」是我一直被貼上的標籤，除了有時候會與老師、長輩辯駁外，也有時會因吸引關注而語帶辛辣地刺激別人。用時下流行的話語來形容，我也曾當過「屁孩」，不太懂得說話的輕重，誤將天賦當成展現優越的工具。

在求學時期，我一直都在學習如何「說話」：學習表達，學習詞鋒，學習整理，學習禮儀。學習處理和消化知識，轉換成自己習慣的語言，再以適合的語調和方式傳遞，這些都是學習表達時環環相扣的技能。日子有功，慢慢便算是掌握到某部分說話的藝術；在參與社運後經歷了許多需要公開發言的場合，某程度上也是我過去訓練的「驗收」，測試我有無在以往的學習和挫折中淬煉出合適的表達能力。

然而，人愈長大，我便發覺學會安靜、學會聆聽，才是更重要的課題。說話是一種能力，但並不代表你必須要時刻展現這種能力。我們習慣在表達中尋找安全感——害怕旁人的不理解，害怕被忽視，從而不斷爭取表達的機會，來尋得別人的認同和築起「自我感覺良好」的城牆。但擁有這種衝動，恰恰證明了自信和自我認知的缺乏——真正成熟和了解自己的人，不需要透過別人的三言兩語，或者一時三刻的鋒芒，來證明自己的價值。自我肯定是不假外求的，只有深信自身能力和經驗的價值，我們便不須藉著表達來吸引他人注視，從而希望他們投來讚許和支持的眼神。你的內心，自然會知道在哪些層面上你得到別人的認同和了解。

懂得聆聽、消化，並促進有意義的交流，是比起「贏一場交」（打架）更為重要的技能。因此，近年我的學習變成如何更言簡意賅、雅俗共賞之餘，也更善於聆聽，把時間放在「儲墨水」的過程上，整合講者的意見，甚至替他整理，來為社群和討論帶來更積極的影響。慎言的精髓在於點到即止，也不流於口舌之爭，將你的思想、話語留在真正能影響世界的工作上。

有時候，無聲勝有聲，正是如此。

（二〇二一年二月八日）

學生會的興衰

學生運動的興衰是香港社會運動的晴雨表。當然，經過二〇一九年反送中運動的大型社會動員後，傳統中由學生會主導的「學生運動」概念可能已適應不了新時代；但從學生會的政治參與觀察香港的社運能量，也是能一葉知秋。在國安法的陰霾下，即使在反送中運動後社會、學界經歷了一波巨型的「政治覺醒」，八大（香港排名最高的八所資助院校）卻只有理大學生會成功換屆，候任幹事會將於三月履新。無疑，學生會大規模「斷莊」的困局折射了目前冰冷的政治氣候，對於學生擔心被「槍打出頭鳥」而避免參與學生會工作，也是可以理解。

一直有留意我政治參與歷程的朋友都知道，在二〇一四年雨傘運動時我並非學生會會長，而是「署理會長」，當選職位為嶺南大學代表會主席。在嶺南大學學生會的架構中，有三個平衡又互相制衡的部分，分別是代表會、幹事會以及編委會。我們在日常溝通使用「學生會」一詞，其實指涉的就是負責行政、代表學生會對外工作的幹事會；編委會則是負責學生會的刊物出版，也有營運社交媒體專頁，傳遞大學相關的各種資訊；代表會的職務是通過各枝「莊」（學生組織）的財政以及監察各組織的工作，例如在幹事會成員瀆職時通過譴責動議。

幹事會以及編委會都是由週年大選組成，而代表會的成員則由往年各枝「大莊」的代表，以及在週年大選勝出選舉的候選人組成。然而，由於嶺南參與「大莊」的風氣一向不太濃厚，因此公開選舉的代表會職位一直是乏人問津，並非每屆都有相關選舉出現。而我，則是成為了少數在週年大選中獲選的代表會主席，在幹事會「缺莊」的情況下，因應會章的規定成為嶺大學生會署理會長，並代表學生會參與學聯工作。

然而為何我會做出這個「違反常態」的舉動，無緣無故跑去參與少有學生願意競選的職位呢？這就要從當年我「組莊」的情況講起。一般學生會的「傾莊」、「招莊」等籌組競選內閣的工作在九月開始，新生剛入學便會面對各種人生十字路口的選擇，思考來年參與哪些學會、屬會。在「傾莊」後假如有合適的內閣組合，便會在十二月至二月期間參與全民投票選舉，由大學學生一人一票選出新一屆的學生會幹事會。假如當年沒有參選內閣導致幹事會出缺，那便被稱為「斷莊」，來年便由臨時或署任的行政委員會承擔一部分幹事會的工作。也有些大學，例如香港大學，在學生會選舉上是採取個人制的，定義上並不是以「內閣」作為選舉單位，因此參與選舉的學生多數會聯合其他競選不同職位的學生，組成一個名義上的內閣。

在我籌備學生會競選內閣時，由於歷盡艱辛都無法找到足夠的學生組閣，因此我在選舉報名期的最後一天，我面臨著撤出學生會工作，或是參與個人職位選舉的兩難。二〇一三、一四年是佔中討論熾熱期，大學校園內也有不少關注，本來我以為這會令學生會工作更有吸引力；但實際上，學生會幹事肩負的日常工作、壓力非常龐大，令很多即使希望參與公共事務的學生，也會對這個「吃力不討好」的工作敬而遠之。因此，學生會能否組莊才會成為學生運動的晴雨表——它就是測試在這個學年，有沒有志向清晰、意志堅定的學生，願意犧牲自己求學的寶貴青春和時間，投放在這個難以有物質回報的奮鬥上。或許由於我當年腦殼壞掉，最終竟然參與了代表會主席選舉來開展學生運動生涯——剩下的，已是歷史了。

當然，學生會的職責繁多，除了俗稱「外務」的社會政治參與外，也有很多校政討論、雜項事宜，例如出席校董會、管理學生會資產和建築等，需要由學生會幹事共同分擔。在如今大學管理層都全面「靠邊站」，完全臣服於中共絕對權力的時局下，學生會希望透過自身的憲制地位爭取到更大自由和權力，也必然是更困難的事。除了光復香港寸步難行外，爭取校園民主、員生共治的願景也隨著政治極權化而變得更為艱難。這種障礙令有志於改變校政的學生感到索然無味，萌生更大退意。

隨著政治局勢惡化，近幾年學生會組莊愈來愈困難，二〇一九年八大中都尚算有中大、浸大、理大等成功當選，到今年更只剩下理大一間。回想二〇一四年雨傘運動時，幾乎所有大學都有經歷選舉洗禮的學生會以及外務團隊，當中所代表的學生運動精神，已是目前的寒冬都無法再現。這倒也不是學生的問題，而是外在環境比起七年前，惡劣到一個無法想像的地步。在龐大的壓力下，即使擁有再大的政治信念，都會逼使人思考投身學生會事務是否是參與社會運動的最佳途徑。

自六〇年代中文運動起，香港的學生運動經歷了一波又一波由學生會帶領的示威浪潮，直到國安法時代下的新香港，這個浪潮似乎已被時代更大的一個巨浪淹沒。然而，這到底是燈油枯盡，還是絕處逢生？也許只有未來的大學生能夠解答。

（二〇二一年二月二十二日）

愛國等於愛黨的荒謬

今天國務院港澳事務辦公室主任夏寶龍明言「愛國等於愛黨」，封殺非愛國者的政治權利。這讓我想到中國著名公共知識分子資中筠老師的分享。在一次演講中，她談到在慈禧太后與義和團向外國使節宣戰時，李鴻章等總督「違旨」亂命不從的歷史，並藉此反思「愛國」的意涵：

最開始的時候，中國的皇家統治者向來見著民間的團體是鎮壓的，他是不允許民間有自己的團體的。但是他忽然發現他們是打洋人的，覺得借他們的力量殺殺洋人的威風也挺好的，所以就把「剿」變成了「撫」。這樣一來朝廷都支持它，它這個勢力就越來越大，以至於濫殺。

在這種情況之下當然外國就抗議，並且要派兵來了。說你連我的使館、外交官、教堂都保不了，那我自己派兵來保護。他們就以這個為借口。

這種情況之下當然很危急了，朝廷就分兩派。一派主張趕快鎮壓義和團，不能夠讓他們胡來，並且跟洋人講和，說我現在可以保護你的使館，然後我們怎麼怎麼樣；一派就主張說是民氣可用，乾脆用他們跟洋人鬥就行了，支持它。

結果主戰派勝利了。而死諫的那幾個大臣就犧牲了，有五個大臣被殺，因為他一天上好幾道奏摺說絕對不可以幹這種事情，說自古以來，連春秋時代都是兩國相爭不斬來使的，絕對不能夠圍攻外國使館，義和團必須鎮壓。

這裡頭就有一個問題：誰愛國？誰賣國？誰禍國？那些個主張不要殺洋人的人，他們是愛國還是漢奸呢？那個時候另外一派人說他們是漢奸。

還是說義和團和支持義和團的人是愛國呢？因為我們的歷史教科書常常還是把義和團作為一種愛國運動來宣傳，而且只是說他們用的方法不對。這個就是一個很大的問題。

當時慈禧居然向十一國宣戰，跟他們說我保不了你們，你們趕快撤。然後完全放縱義和團進北京，從山東跑到北京來亂殺一氣。

在這種情況下，另外一種人，李鴻章、劉坤一，還有好幾個，兩廣總督、湖廣總督、兩江總督，這些總督們在一起說抗命。他們得出了一個結論：亂命不從。從前聖旨下來之後你怎麼能夠不從呢，那是要殺頭的。

結果他們聯合起來，搞了一個「東南互保」，跟當地的洋人，那些個領事館的代表或者是外國人談判說，在我們所在的轄區，我保證你的安全，但是你也保證你不派兵進來，你不能夠來禍害我這塊地方。

所謂東南是長江以南，甚至於是淮河以南一直到廣東，是中國人口最密，經濟最發達、最繁榮的地區。結果他們這一「東南互保」保住了。所以那個被蹂躪的，先是義和團大開殺戒、後來八國聯軍進來的也是在北方，沒有禍害到這一大片土地。

在當時的情況下，這個作法，你算它是愛國呢？還是算什麼？我覺得應該算是很大的愛國舉措。而且當時晚清的這些個大臣，居然還能跳出愚忠這樣一個範疇，想出這麼一個好主意來，我覺得是立了很大的功。結果中國這麼大片的土地沒有受到影響，這個是所謂愛國。

但是在不同的角度來看的話，可以說他們是賣國。居然中央的命令可以不聽，而且還自己跟洋人去談判。上面已經是宣戰了，你這兒還去講和，這個不是很不對嗎？

所以對於什麼是愛國，什麼是禍國，不論是出發點還是從結果來看，如果從一個歷史回顧的比較遠距離來看的話，我覺得應該看得很清楚。[2]

當代中國，經歷了大躍進、大飢荒、文革、八九屠城，共產黨為了政治利益犧牲數千萬人民性命，來到二〇二一年當權者卻依然索求子民愚忠，回過頭來，歷史在笑。

社會的進步，正是有更多人意識到當權者的錯誤，從而反抗，爭取更好的經濟、政治制度。要求人民絕對順從政權，正是扼殺改革的可能，進步的可能。

都是老套的話，假如愛國代表愛黨，那麼這個「國」，不愛也罷；假如一個政權將「國」、「政權」凌駕人民之上，同理，我也不可能接受這個政權。

泱泱大國卻容不下多元的政治思想，一個七百萬人的城市卻被中共政治暴力弄得人心惶惶，無緣無故冒出了數百萬「叛國者」，這一切都屬於共產黨的功勞。

只有如斯醜陋的國家，能夠如此逼迫人民往相反方向而行。

我寧願要自由卻被壓迫的靈魂，都不要跪倒在中共的威嚇前。

（二〇二一年二月二十二日）

2 資中筠，談談愛國：https://www.youtube.com/watch?v=n8J0t7oKHTQ，在中國牆內似乎已將相關影片下架。

可以卑微如塵土，不可扭曲如蛆蟲

早前政府宣布修改選舉辦法，增加多重門檻，以國安署審查、取得提委會各大界別提名票等手段收窄「入閘」門檻，至共產黨心儀的候選人才能參選的程度，亦宣布刻下的民主派幾乎不可能參選。在坊間討論應該投白票（空白選票）或是杯葛選舉時，民主黨元老李華明可謂異軍突起，先在明報觀點版撰文，指民主派「不應封死參選之路」，以技術性分析明顯是政治封殺的選舉修訂，並呼籲「中央政府要釋出善意」，容許泛民在制度內發聲；之後在香港01的訪問中，亦指明「只要不是港獨、勾結外國勢力的人」都應該參選，指應繼續在議會內發聲、爭取資源，並反省35+的參選計畫，皆因過於高調地爭取立法會過半。當然，李華明亦有「戴頭盔」（撇清自己的責任），指假如只有民主黨能夠參選，亦應考慮杯葛。

李華明屬民主黨內最保守一翼，在以往涉及港獨、國安法等論爭中，都是以「民族先行」的立場，將爭取民主放在民族大義之下，必須先「尊重」中國／共產黨是無可爭議的「權力核心」，才可談政策、民生，甚至選舉改革。他們甚至不主張挑戰共產黨在制度下權力絕對壟斷的地位，接納北京所有封鎖政治空間的舉動，並希望能夠低著頭於僅餘的空間發聲。這種全面退守、不挑戰不反抗的立場，可說是「犬儒政治」的極致，說好聽點就是「識時務者」，難聽點則是「無腰骨無原則」。

姑勿論民主黨內有多少黨員單純是因為反對中共極權，而非主張「港獨／勾結外國勢力」卻鋃鐺入獄，盤算著如何讓自己低頭入局，本身就已是墮入中共圈套。猜度誰能入閘、誰被拒諸門外，本就是以「中共信任誰」作為基準。在中共眼中，誰可以完全被控制，誰就享有入閘的權利。假若民主派有部分候選人被允許入閘，便會引起「捉鬼」浪潮，誘發內亂。相比起議會擁有的資源，參選從而引發內鬥是得不償失。

而反送中後的政治打壓，無論如何都會發生——只要香港人的意志足夠堅定，要求北京落實民主體制，早晚北京也會感到權力受到挑戰，從而落實各種收緊政制、自由的舉動。假若我們清楚追求民主時必定會遇到如此打壓，我們仍願意捨身前行嗎？李華明當然會給予否定的答案，他願意被招安，也認為「策略性」被招安是延續黨派政治的唯一方法，是泛民在政治上唯一的空間。但大多數香港人寧願反抗，而非裝作若無其事，逆來順受——只有反抗，才可以引起政治張力，從而曝露中共對權力最醜陋的貪婪，引起國際反響，以及鞏固香港人身分認同與社群意識。我始終相信香港人受的苦，不會徒然，不會白白犧牲。

事到如今，加上「於選舉期間呼籲投白票、廢票屬違法」的修訂，我並不認為民主派應再考慮參選。民主派參選會令投票率上升，也容許中共利用市民的象徵式參與，賦予獨攬權力的港共更大的虛假民意授權。而根據不能呼籲投白票、廢票的規則，進入選舉就必須要「認真玩」，變相再局限了透過參選引起政治爭議的空間，亦無法於選舉期間調整策略。基於以上種種，再考慮參與立法會選舉，我認為無任何策略上值得考慮的價值；而白票運動／杯葛立法會選舉，就必須要在選舉開展前在民間有清楚共識。

如果天總也不亮，那就摸黑過生活；
如果發出聲音是危險的，那就保持沉默；
如果自覺無力發光的，那就別去照亮別人。
但是——
但是：不要習慣了黑暗就為黑暗辯護；
不要為自己的苟且而得意洋洋；不要嘲諷那些比自己更勇敢更有熱量的人們。
可以卑微如塵土，不可扭曲如蛆蟲。

寧願卑微，也不屈膝。

（二〇二一年四月二十二日）

亂世中應留守或離去？

走，還是留？

作為被放上國安法通緝名單的流亡者，在很多媒體訪問、講座中都被問及類似問題，我一直覺得由我來回答很沒說服力。我既是沒有選擇的人，也已經不再處於最驚險的浪尖，實在沒有最佳的位置和認知給予最適切的意見。或許，我們都可以嘗試後退一步，先不爭論誰對誰錯——抱持兩種意見的朋友，無論是對現況的研判、對個體在大環境中發揮的作用，都有不同的理解，嘗試疏理雙方的想法，是解開目前貌似對立狀態的第一步。

政治運動毫無疑問是在地的，也不可能單靠外在的倡議工作扭轉香港局面。換句話說，假如有朝一日香港邁向民主化，最關鍵和必需的角色是身處香港的民主運動。成為流亡者後，我早已清楚明白自己的位置，是在舞台旁邊提著大聲公，將香港發生的政治事件消化、理順再傳遞予更廣更闊的世界群眾。缺乏本土政治運動，是難以推動國際層面對港的政策倡議和支援。正如在一九年年尾，若非香港反送中運動大規模爆發，美國國會也不會因國際輿論、對中轉為強硬而快速通過《香港人權與民主法案》——這可是在一九年前苦苦遊說了五年都沒有起色的法案。

因此，我覺得「移民是最好抗爭」此一說法是不成立的，也不是每人都有資源和途徑在離開香港後，投身在直接或間接援助香港民主運動的事務。當然，保存香港人的「火種」，例如是獨有的文化和身分認同、在外地舉辦抗爭集會，外地的港人社群都能有一定位置，只是離開香港的朋友都必須認清身處外地的局限：自由雖大，但與政治運動的連結始終隔著一層紗。

由此可見，不論是身陷囹圄的政治犯，或是仍在公民社會苦苦支撐的朋友，有批評「移民潮」的聲音，也是可以理解。一方面是情感使然，每個人都需要感到被支持，也希望他們的付出換來他人的同行；二來是對政治運動的研判，認為在地政治抗爭（不論是多麼隱晦討論、打擦邊球，或是甘於獻身）是變革的重心，離開香港是削弱整體政治力量。

而這種理解，是與部分主張離港的朋友不同的。他們認為「走資、走人才」是保存戰力的方法，在這種高壓手段下硬碰是得不償失，只有透過「靜待風暴過去」後，才重新投入變革中。在他們的分析中，現在的高壓狀況不可能長期持續，中共本身的不穩定也會令其鐵腕管治能力削弱，在它衰弱時才「反攻」會令政治運動更有效率。而香港的資金、人才流出，對中共而言都是一種傷害。

當然，這種研判是否合理，還是需要由現實驗證；但無可否認，這種想法具有一定的基礎，「韜光養晦」的戰略也非天方夜譚。只是，這種理論如何與「本土抗爭仍是極為重要」的基礎相融合，誰留守、誰離去，則是遠超政治分析、進入到運動倫理的範疇。我覺得即使是強調「移民是最好防守」的朋友，都絕對不必向呼籲「留下」的人口出惡言——誰又有權定奪在如此狹窄的政治空間，留下來的人注定是無可行動？

而希望更多人留下的同行，或許也要理解移民這個決定背後的複雜。無論說得多麼冠冕堂皇，離港的人都必須要承認這是某種程度的「逃離」——假如不是「逃難」。我也是其中一份子——我要逃離的是長達數以十年監禁的國安法審判，只是同時我攜帶著國際認可，讓我能夠肩負著替港人發聲的責任來到新的國度。我沒有愧疚嗎？有的。假如身於欄柵後的朋友批評我的離去，我也不會反駁，我也沒有任何道德力量反駁，皆因他們承受了我因為種種原因沒有面對的苦難。我所能夠做的，只能是盡可能印證自己的選擇是有價值的，令他們感覺到在外的自由不被隨便揮霍。

而那些沒有面對直接政治威脅的，為了自由、空間，下一代的成長環境而奔往他鄉的人，我們不需要為了正當化離去的決定，從而爭論「離港」是唯一正確的選擇。即使移民／走難在某程度上為了自己或家人，這並非一件羞恥的事，同時也不能描繪成大義凜然的「壯士斷臂」。我們在生命中會面對很多選擇，每個人做決定時考慮的因素，永遠都夾雜很多個人、家庭、社會的影響，也難以有對與錯之分。誰說佈下這些種子了沒有茁壯的可能？

假如我們一開始便從爭論黑白是非的角度切入離港論爭，或許只是捉錯用神（搞錯重點）——留在香港可以不問世事，身處海外也可以投身運動（當然程度有異，不贅述）。面對香港現況感到壓抑、難以適應的人，勉強留在香港，或只會加深精神困擾；主張「身土不二」的朋友被家人逼迫送到外國留學，卻也可能只落得每天鬱鬱寡歡的情況。如此複雜且重要的個人決定，假如將他還原到「去或留對香港未來的意義」，只會令爭議愈來愈不咬弦（協調），也忽視了人被各種外在環境拉扯的困苦。

無論走或留，最重要的，都是將香港的未來、香港人的存續，放在心內，然後衡量風險、能力，將它浸透到生活和工作中。沒有將此扣連生命的覺悟，身處世界何方，都不可能照亮香港的黑暗。

（二〇二一年五月十九日）

香港真係好靚

當我在去年六月底乘坐飛機離開香港時，我在香港的上空回眸一望燈火通明、絕色夜景的香港，我意識到這可能是未來一段非常長時間內，最後一次看到這幀風景。

「香港真係好靚」這是我腦海浮現、情不自禁的讚嘆。在紀錄片《地厚天高》中，尚未流亡德國的黃台仰也在開蓬巴士（觀光巴士）上講過這句話，這是熱愛香港之人的共鳴。

當政治凌駕人性、紅線鬼影處處時，就連最基本、簡單的字句，都有可能挑動政權的神經。日前，百佳（超市）便全線將新包裝屈臣氏蒸餾水下架，疑似是寫在瓶罐上的字句帶有「政治色彩」，觸動審查機制。這些新包裝上的照片由著名攝影師操刀，除了寫有「香港真係好靚」的廣告詞tagline，也配以「追夢哪怕高山低谷」、「不管散聚根在這裡」、「有種精神叫堅持」、「抬頭總見晴天」各種字句。

香港好靚、追夢、高山低谷、散聚、根在香港、有種精神叫堅持……從政權眼中，這些就是聯繫到民主抗爭的字眼，是任何在香港建制內生存的個體和公司的禁語。在市民眼中，這種扣連零碎、敏感，甚至達到「莫須有」的層次。很多人都疑惑到底香港的紅線是否需要「去到咁盡」（那麼過分），尤其是自詡為「開明」的建制派都會質疑是否「過火」。

然而，這種違背常理的決定，能夠不按邏輯逼人歸邊表態的權力，正是共產黨用以操縱社會文化的陰招。這種「過火」，是故意的；這種被公眾質疑的自我審查，也是故意的。它故意在明知財團和市民不會在這些「小事」上反抗，但就營造社會的離異和荒謬感，從而令市民感受到日復一日的壓抑，以及眼睜睜看著常理被摧毀的無力感。

大如《蘋果日報》，小如屈臣氏蒸餾水的包裝，我們都清楚中共不只是要將反抗聲音消失，而是要將每個香港市民變成共產黨暴政的擁護者。而擁護共產黨的領導地位，正是在中共定義下「愛國者」的前提立場。一切的極端敏感審查，都是為創造主動效忠的政治文化而設。就正如大陸的網路生態，一旦發現有品牌「辱華」，無論是中國地圖標示少了台灣、或是單純指責中國盜版成風，只要中共能藉此撈到政治利益，再微小的「犯錯」都會被當成培養表態文化的機會。假若有任何一位在中國有商演的藝人、有曝光的公眾人物沒有積極地「護旗」，以中共水軍為首的網路不會放過他們，他們也完全沒有沉默的權利。

這種表忠文化在自我審查盛行後，鐵定會移植到香港，屆時香港市民的疏離感只會愈來愈大，大機構、財團的紅線一定拿捏得更緊，甚至到藝人以護旗來換取曝光和表演的機會。或許，我們現在都在追捧「有良心」的紅星名人會被困於兩難處境，甚至與香港大眾有積極互動的文化娛樂生態都會被扼殺。

習慣自我審查所帶來的影響是無遠弗屆的，無力感的積累也是會加速所有「大陸化」。我們所能做的，就是不斷地在意識和行動上抵抗，不斷地在僅有的政治空間周旋，將目前還能保有的「灰色空間」擴大，從而增加中共將「紅色意識」擴展的成本。在二〇二一年，很多擁有媒體資本、輿論實力的個體，高調泛黃、或是低調暗撐，都是難能可貴的事情。唯有好好地珍惜他們，我們才能擁有對抗表忠文化的根基。對他人苛求的朋友，切記這點。

「香港真係好靚」我相信是所有香港人的共識。而他的美，不單止在夜景，更是在港人對民主自由的堅持，和信守的普世價值。這種美，我希望可以在他方看見，也必須被保存下來。

（二〇二一年六月十九日）

蘋果日報的脊梁

《蘋果日報》創刊二十六週年，在它創立之際，我還是個不到兩歲的稚童。我相信目前有很多《蘋果日報》的讀者，在它創立時都尚未出生。

這不是一份源遠流長的報刊，但它攜帶著歷史責任呱呱落地。印刷機隆隆作響，創刊號《蘋果日報》社論〈我們屬於香港〉寫道：「若香港陷落，《蘋果》豈可能獨善其身。」事實的確如此。《蘋果日報》面臨滅頂之災，但它沒有辜負創立時的宏願——創辦一份屬於香港人的報紙。只有它，仍是忠誠地服務著香港人，折射著人民和時代的呼聲。其餘報章，或多或少都已因中資入侵而改朝換代，媒體不再中立持平，向北京靠攏。

《蘋果日報》也非一向享負盛名。外媒大多以「Tabloid」稱《蘋果日報》，意指以八卦及娛樂新聞為主的小報，這是《蘋果日報》在外國傳媒中的刻板印象。狗仔隊、挖新聞，以煽動內容吸睛，這些都是《蘋果日報》在過去為營利所開創的風格，曾受公民社會不少朋友批評，而當中一部分報導習慣仍延續在近年的報導中。只是大家都很清楚蘋果的定位已大幅改變，它以政治新聞作主軸，成為城內唯一仍支持民主自由的報章。

時至今日，即使對其報導風格略有微言，有良心的香港人都會全力支持《蘋果日報》。它兌現了初衷，用脊梁承擔媒體本應監察權力的責任，贏得我們的尊敬。在風格上的批評並不影響我們對它的支持——皆因我們深知《蘋果日報》為了發聲所付出的犧牲，遠比值得質疑的地方大。我們為它的存在而慶幸和觸動。

時代愈嚴峻，意志要愈堅定，也更要學懂體諒。體諒同道之人的難處，律己嚴待人寬。人民自由被最嚴苛地打壓的年代已經到來，發聲表態所背負的代價今非昔比。公民社會要守住「不表態」的底線——不要作護旗手，不要為極權辯護，不要作共產黨的劊子手。我們當然要繼續支持黃營商店，但遊走在灰色地帶的，也盡可能默契地容讓他們在高壓的環境尋找空間。

我認為共產黨早晚會移植必須護旗的「表態文化」至香港，皆因在全面管治落實後的中共並不喜歡灰色地帶，「靠邊站」成為每位擁有公眾影響力的人所面對的難關，「非敵即友」是中共最理想的治理模式。拉攏「灰色地帶」並不會壓縮黃營的勢力，而是撐開僅餘的公共空間，避免香港急速被中共文革式文化入侵。在二〇二一年，守得住的都要守。

《蘋果日報》即將面對資金短缺等問題，我也不可能想到有任何辦法為它解困。在民陣七一不會申請舉辦遊行之際，我只希望那天香港市民仍能在報攤看到《蘋果日報》的身影，在一眾報章對「香港回歸」歌功頌德之際，有一份報紙依然抱持拒絕同流合汙的勇氣。

（二〇二一年六月二十一日）

北京奧運與東京奧運

東京奧運在疫情下展開，在延期的這一年內有許多奧運或被取消的傳聞，日本國內民意亦相當兩極，不少國民認為在疫情蔓延時舉辦大型運動會將破壞防疫成果。無論如何，全球最矚目的體壇盛事捲土重來，香港隊的表現也引來非常多港人關注。昨日我在臉書發文感嘆港人在二〇〇八年京奧與今屆奧運對中國隊的情感落差，引來很多網民共鳴，也突顯港人在近十數年「一國兩制」崩壞下，如何變得與「中國夢」更疏離，愈來愈討厭這個漠視人權、打壓人民的政權。

對各國隊伍的熱愛和忠誠，是身分認同的剪影。香港隊在國際盛事獲取佳績，有助提升香港人的身分認同；香港人的身分認同上升，也會令更多港人關注港隊在國際賽事上的表現。近年香港足球代表隊的賽事入場人數上升，也是源於更多港人對香港產生了更強烈的認同感和歸屬感，從而希望透過支持港隊、入場觀看賽事，來表達這種「愛港」情緒。

一直追蹤港人身分認同的港大民研（現而自立門戶為香港民意研究所）資料顯示，二〇〇八年是港人對中國人身分認同的頂峰。我記得那年我透過學校的課外活動機會，成為了「馬術青少年大使」，負責推廣在香港舉辦的〇八京奧馬術賽事。為了「訓練」我這位「大使」，我曾經到北京交流，參與了一連數日的國情班，也參觀了當時尚未開放的「水立方」、「鳥巢」等奧運場館；在香港，我也接待一批中國青少年來港交流，向他們介紹賽馬會內的設施、奧運馬術比賽的資料等等。

由於事隔久遠，我也忘了活動的很多細節；而當初身為「大使」，其實也沒有接受什麼訓練，只是佯裝「專業」，蒙混過關。然而，在一系列迎接〇八京奧的活動中，我衷心感受到香港人期待中國在國際舞台上大放異彩，透過舉辦四年一度、最重要的體壇盛事來展現「軟實力」。加上當年經歷中國汶川地震等災劫，愛國情懷更是被惻隱之心感召，呼應著「團結」面對災難的情感，使港人的中國國族認同提升不少。

在二〇〇八年，我還是坐在一部長方厚身的電視機前，看著TVB直播各項賽事，中國隊每多拿一面金牌，便會與家人齊聲歡呼。中國女排的人氣更是「爆燈」，每逢「重炮手」們拿下一個扣殺，都會傳來隔壁鄰舍的歡呼，整個城市發自內心地為中國隊加油打氣。甚至在京奧完結後，中國金牌代表隊在香港厚獲禮待，我也出席過一些「見面會」，與金牌運動員「真情對話」，激動非常，他們儼然成為香港的明星級人物。

這種「中國夢」情懷在二〇二一年的香港，當然是消失殆盡。與〇八京奧時期相反，或許更多香港人目前看到中國隊奪金的情緒，若非不屑一顧，便是流露反感。假如中國隊奪金是承載著「中國崛起」的牌匾，港人在這個牌匾背後所流的血淚、所感受到的痛苦和屈辱，便折射在我們對中國隊的情感上。由感到自豪到感到厭惡，當中所經歷的轉變是一場悲劇，更是代表著一個政權的淪落以及醜陋。

身在海外，我自然難以與眾多港人一樣投入，但依然嘗試跟進著新聞，支持著本土運動員，為他們的努力和成果喝彩。當然，我還是會情不自禁地搜索一下那些運動員的背景，看看他們是否「深藍」，是否甘願成為極權的大外宣。或許，這種「小習慣」在香港人身上是永遠不能割捨，皆因我們已不信任體制，也只相信只有擁抱民主價值、堅信香港民主的友好，才是真正傳承香港精神，抱持著香港人的希望。對那些支持中共打壓港人的運動員，只能說聲「不了」。

（二〇二一年七月二十五日）

流亡者的憂慮

在二〇二〇年八月，席索夫（Vitaly Shishov）因白俄羅斯的示威浪潮被打壓而出走烏克蘭。日前（二〇二一年八月三日），他被發現吊死在基輔居所附近的公園，臉上及身體出現多處傷痕，烏克蘭警方正朝「偽裝成自殺」的謀殺案進行調查。

在席索夫遇害的三星期前，他曾提醒異議人士好友小心安全，指白俄羅斯特工已滲透入烏克蘭的流亡社群、示威活動，並進入到他領導的烏克蘭白俄羅斯之家（Belarusian House in Ukraine），一個協助流亡白俄羅斯人組織的內部。同時，烏克蘭的情報部門亦有警告白俄羅斯異議分子，指白俄羅斯的特務機關在烏克蘭非常活躍，也有不同消息指有可能發生相關的綁架和刺殺。

由此可見，在晨跑後失蹤、繼而被發現陳屍街頭的席索夫並非沒有察覺到危機逼近，或許他已做足了不同的安全措施，卻因某些疏忽而遭到毒手。流亡人士在海外如何保障自身安全，本就是非常重要且難以完善解決的問題。假如流亡人士在離開原居地後仍想繼續倡議工作，就難以避免一定程度的公眾活動。正如我在英國，一些重要的聲援香港示威都必須到場，一方面希望鼓勵更多公眾到場，另一方面亦是凝聚海外社群的重要場合。

當有公眾活動，或是要進入到當地社群交流以及維持一定程度的社交生活，便有可能遇到形形色色、不同面貌的陌生人，被特務盯上的風險從而大增，也會令自己處於更大危機。在席索夫之前，就已經有俄羅斯異議人士納瓦尼（Aleksey Navalny）被以神經毒藥毒害瀕死（編註：二〇二〇年遭下毒，二〇二四年二月死於獄中）、白俄羅斯異見記者普羅塔塞維奇（Roman Protasevich）在飛機途經國土上空時被軍機攔下拘捕，以及各個更少媒體曝光的異議人士遇害新聞。或許中國對流亡異議人士的迫害沒有如俄羅斯等國誇張，但也不乏對流亡人士的滋擾跟蹤，甚至襲擊。

每逢閱讀到這些新聞，我都不禁回想自己的狀況。雖然這一年來深居簡出，也只在必要時才參與公眾活動，但難保日後情勢愈發危急時，中共的魔爪不會延伸到我身上；我們亦不可能因為這些憂慮而停止我們的倡議以及日常。身處海外，我們更不可能僱用保鑣來保護自己。因此，唯一可以做的便是加倍留意自己四周，也要強身健體，強化自己應對危機的能力。

而更重要的是，要令自己在身處的國家變得更有影響力，增加香港故事的曝光率，令希望謀害你的國家投鼠忌器，使他們明白到假若在民主國家追殺異議人士，所遭到的反噬和攻擊是難以負擔的。只有透過得到當地輿論以及政府的協助，我們才有可能最大程度地規避風險，以及繼續參與支援抗爭的倡議活動。

人生而在世，無處不是枷鎖。即使我有很多的顧慮，但相比很多仍然身在危險地帶的朋友，我的擔憂顯然是相對微小了。我唯一的盼望是我所珍視的人都平安，而我們亦可以在海外發揮自己的影響力，繼續改變世界，直到鋪好回家的路。

（二〇二一年八月五日）

記與余英時先生的一次相聚

史學泰斗余英時先生於日前辭世，享耆壽九十一歲。猶記得在起行前往耶魯讀書前，我特意讀畢了《余英時回憶錄》，細閱余先生在戰亂中仍致志追求學問的經歷，也讀他對中國、對自由的分析理解。我對書中一段關於他首次離開中國、抵達香港的描述非常深刻，大概是指當他越過邊境時，肩膀上無形的壓力消失了，人生未曾如此自由。當人的精神緊繃得以舒緩時，生理上的影響立竿見影——除了感到卸下了枷鎖和重擔外，更令人活得自在積極。就正如近年很多在香港的朋友都或多或少身體不復健康，大抵也是外在環境過於惡劣所致。

余先生在青壯年抵港，隨即全心鑽研學問，由自由主義、民主哲學到共產主義均有細讀，亦在英屬殖民地直接感受國共的爭鬥，以及由此延伸的學派分門。他在回憶錄中這樣形容當時的香港：「這個小世界的獨特性質是值得揭示出來的。這其實是中國自由派知識人匯聚而成的社群，生活並活躍在一個最自由的社會中。」

渴望一個自由、民主的中國，是余先生在香港時期便已建立的思想重心，多年來從未變改。有多少學富五車的學者都因中共的利誘和聲名而甘願與虎謀皮，以政治忠誠取悅獨裁者，用自己的學術名氣來為沾滿血腥的政權塗脂抹粉。余先生身為中國史學頂端之人，依然堅持故我，不因財富而屈膝，其學養、風骨已是讀書人之楷模。

在一九年年尾，我於美國東岸各所大學巡迴演講，其中一站便是余先生榮休的普林斯頓大學。經友人提醒，得知久仰的余先生居於周邊地區，便冒昧地托友人轉達拜訪的請求，希望能與余先生碰上一面。當時我腦海也沒有特定希望與余先生交流的內容，能夠碰上一面、聽一席話，就算是閒話家常，也已是本人莫大榮幸。

之後聯絡上余英時夫人陳淑平，她特意約我們在普林斯頓的一條繁忙公路旁，並駕車載我們前往她的宅邸。余夫人指她家深入森林，外人駕車前往容易迷路，因此最穩妥的作法是由她親自接送。然而，這讓作為後輩我的過意不去，皆因余夫人年事已高，要她奔波往來，總覺得自己添煩添亂。這也折射了余氏一家雖享負盛名，卻也非常平易近人，對後輩也照顧有加，始終抱持著禮讓、平和的態度，極具君子、大師風範。

穿過蜿蜒曲折的森林路段後，我們來到一所被大樹包圍、非常平實的獨立平房，舉目所見也只有零星幾幢其他建築。進門後，余夫人引領我們到余先生常處的客廳，並給我們泡茶。余先生當時已不善於行，因此他吃力地站起來，與我們握手，便徐徐坐下。當時是香港反送中運動高峰，話題都圍繞著我們的未來和前路，我也特意詢問他對當時區議會選舉的看法，余先生斬釘截鐵地呼籲市民勤加投票，要用盡辦法施壓，不要以為退讓可以換來自由。

我們在下午抵達，離開時已是天昏。在出門口之際，余夫人更是將贈予我一條頸巾，指是余先生的學生們贈送的但他卻用不著，於是轉贈予我。在我離港流亡英國時，我把這條頸巾放在我的手提行李箱中，直到現在，都好好珍藏著。

（二〇二一年八月六日）

重聚

最近又有一位中學同學抵達英國。

與很多港人不同的是，他持有香港護照，並在入境時申請政治庇護。他沒有BN（O）護照，在理大攻防戰時被拘捕，因擔憂最新一輪的秋後算帳而逃到英國。

與他，大概也有數年沒見了。他是那種我永遠都想像不到會投入在抗爭前線的人——性格單純，中學畢業就投身社會，在中學也沒有對社會時事表露任何興趣，過去也沒有在臉書等社交媒體表態。

然而，就在烽火四起的那一天，我收到他的一則短訊：「聽聽，希望之後可以出黎同你踢波啦。」（我希望之後可以離開和你踢球。）

在理大圍城的那陣子，在內在外的人，均曾想像過理大抗爭者們無法活著走出來的場面。收到這則訊息後，我的心沉了下來——我盡力地鼓勵他、替他張羅，告訴他我收到的消息和離開的方法。

在那段驚心動魄的時間過後，他也帶著一張保釋紙回到日常，事件也沒有影響到他的工作。他回到熟悉的崗位，也如往常一樣，與朋友出街遊玩。這些創傷被他埋在內心的某一處，隨後又因國安法、警方重新拘捕理大示威者而揭開。

他的無奈、惶恐、擔憂，驅使遠走他方，到陌生的國度。

我在Instagram看到他登上飛機的照片，就知道他必須逃離那個吃人的香港。而他的目的地，又是倫敦。於是，我便在他在酒店安頓好後，宴請他吃了一頓地道的連鎖店。

我們聊了中學足球隊隊友的去向，也聊到一些朋友的移民計畫。無論你在哪個社會階層，總有些朋友無聲無息地計劃著離開，然後在某一天，看到他於社交媒體公布自己在異地展開新生活。那兒有他們下一代所需的教育，有可以暢所欲言的環境，但同時也有倖存的愧疚，有繼續希望為香港付出的心。

我的朋友英語程度有限，我勸勉他多學在餐牌認字，也勇敢點與服務員交流，不要因口音而害怕與人溝通。倫敦是移民城市，城內有接近一半人口都並非土生土長的英國人，帶點口音、甚至辭不達意，聽眾都習慣拼湊上文下理從而了解到個大概。他在示威中勇猛，但在日常，卻有些生澀靦腆。

他跟我說，他準備好面對新的未來了。他搜尋了哪些藍領工作急需人手，也對申請庇護等繁瑣程序處之泰然，既認真，也不過分焦慮。他需要政府提供的食宿支援，我跟他分享了一些我在庇護申請者了解到的問題，他說「有瓦遮頭就可以了。有手有腳，依然年輕，有什麼無法適應？」

他一直在我們朋友圈子被訕笑是過分天真的人。也許天真的人，有他的幸福，足以掩蓋他的不幸。分別時我向他要了電郵地址，問了他喜歡的球鞋品牌，隨即寄送了一張體育用品店鋪的電子現金卷，並且邀請他之後一起踢球。

或許這不是為了兌現他在理大時對我的承諾，也許只是希望告訴自己，這位隔了接近十年才重聚於他鄉踢球的人，我們的距離，本就沒那麼遠。人在亂世的距離其實很近，靠近得連我們的命運，無論分岔得多遠，最終都會離奇地匯聚在一起，殊途同歸。

（二〇二一年八月十三日）

香港公民社會興衰

在反送中運動之前，民陣一直是個處於幕後、卻又是公民社會中流砥柱的組織。它的重要性並不在於它的知名度或號召力，反而是甘於守在後方，埋頭苦幹地處理最瑣碎的行政工作，以及連結一眾民間團體的能力。

一直以來，民陣是以公民組織平台自居，每年大大小小的遊行，都有著民陣的身影。無論是向警方申請遊行、處理集會音響和保險，甚至尋找合適的司儀，這些代代相傳的經驗和網絡是民陣非常重要的「資產」。當然，這種公眾活動的知識需求隨著政治封殺而逝去，再也沒有組織需要尋求民陣在申請集會上的支援，因為公眾集會在政治嚴冬下幾近絕跡。

由此可見，在鎂光燈下帶領著群眾前行的，一直都並不是民陣秘書長，或者整個組織在反送中運動前的定位。踏入二〇一九年六月，正是反送中運動的「無大台」[3]性質，群眾並不需要領袖，而需要負責舉辦集會的主辦方，民陣相對後退的位置才突然之間變得靠前。幾位召集人站在幕前，其實是歷史和政治運動的改變使然。

論及民陣，必須提及七一遊行。在二〇〇三年「反二十三條」大遊行後，七一遊行便在民陣的組織下無間斷地舉辦，遊行人數由首年超過五十萬人，漸漸滑落至曾蔭權年代的數萬人，再到雨傘運動前回升，見證著香港政局的大變。七一遊行的價值在反映民意、向政府施壓，也在於向市民呈現公民社會的多元，讓各個民間團體，包括一些較少市民支持和關注的壓力團體，接觸比他們受眾廣大得多的市民。

在成為「學生領袖」前，我也多次在七一遊行的酷熱下穿梭於銅鑼灣和金鐘之間，目的是了解不同民間團體的工作，多拓闊視野。由反對大白象工程、保育鄉郊的環保組織，[4] 到工運組織、民間智庫，數十個為理念和社會公義的團體爭逐著市民的眼球和支持，希望自身的理念能感染到更多香港人，吸引更多同路人一起爭取願景中的未來。這種民間團體的大雜燴，正是民陣這一相對靠後的平台所能整合，也是公民社會的紐帶連結。七一遊行的意義，同樣也體現於大型的民間教育現場，讓參加者更新、了解公民社會的工作方向，開拓各人的公共參與。

民陣的角色隨政治運動而轉變，見證著香港公民社會的興衰。而它的解散，除了是政府官腔式「嚴懲黑暴」的說辭外，更是見證著政府以最粗暴的方式拆散香港公民社會，曝光率較低

3 編註：沒有特定的領導者或統一的抗爭方式。
4 編註：大白象工程源自英文White Elephant，指費用高昂但實際效益低落的建設。

的民間團體，例如是關於大嶼山保育、殘疾人士權利的，更是跌進暗不見光的深淵中。民陣解散、遊行集會被禁止所帶來的影響，絕對比官媒所形容的深遠得多。

（二〇二一年八月十七日）

在黑暗中看見彼此

離開香港的一年多，我一直思索香港人的身分到底代表著些什麼。是代表價值？代表文化？代表以香港為家的認同？還是希望葬在香港的願望？

這讓我想起已故史學泰斗余英時先生的一句話：「我在哪，中國就在哪。」當中共亟欲壟斷「中國人」的定義，告誡十數億人民「中國人」就是要盲目跟從共產黨的指令，他們企圖將將中共等同中國。這些極具政治維穩意味的政治宣傳，是中共用以進行言論禁制、洗腦教育，建立正當性的重要手段之一。

一生反共的余英時先生深明此話含義，正是看穿了中共以身分認同作統戰工具的策略，從而以文化、歷史的角度，告訴世人什麼才是真正的「中國人」。這詞蘊含的意義，比中共所定義的更深更闊。人民、政權、國家分屬三種不同概念，中共喜歡混淆使用，正是希望以政權之名代表所有中國人及國家概念。

同樣的理解可以用於香港人身上。當林鄭月娥指「愛國愛港」的才算是「香港人」，「香港人」不做「危害國家」之事，正是希望將中共壟斷身分認同的話語延續到香港，讓它成為維穩體制的一部分。什麼是「愛國愛港」？聽黨的話，跟隨黨的指示，就是「愛國」在中共定義下的最終體現。

身分認同的鬥爭，也是權力的鬥爭。這正是海外港人可以參與的戰爭。

八月三十一日，一個仿製太子地鐵站的紙版豎立在倫敦街頭，各式旗幟隨風飄揚，上千港人大部分身穿黑衣，靜聽嘉賓演講。往外的是一層穿著螢光黃色外衣的警察，他們沒有咒罵示威者，也沒有追著他們發射胡椒球。這群英國警察在此維持秩序，將在街道路過、探頭張望，表現得非常好奇的本地人，與集會的香港人隔開。

香港人是什麼？大概是永遠沒有確切答案的問題。但可以肯定的是，林鄭月娥、一眾高官和黑警，在歷史上，都不會被承認是「香港人」。當然，他們全部有香港身分證，大部分是在香港出生，但無論是從價值、文化，或是對城市的忠誠和認同，他們都難以與主流港人的信念吻合。

欺凌弱小，附和極權，將香港倒退成一個中國普通城市的「黑手」們，難以想像他們與我們是居於同一社群。

那些在八月三十一日走上街頭集會、對抗暴政的，是香港人。那些在香港依舊在擺街站、派文宣的，是香港人。那些因政見和行動而被囚監獄的，是香港人。那些依舊在捐款予六一二基金，通宵排隊買《蘋果日報》的，是香港人。

我無法完整地概括「香港人」包括了什麼人，但我們都肯定有顆澄明的心，透過觀察行動和言論，知道誰與我們站在一起。

而在這些重要日子，重新看到同路人集結，是勇氣的象徵，也提醒著各位，香港人絕不放棄。在黑暗的時候，也許看不見前路，但感受彼此的溫暖，是共同前行的重要元素。

余英時先生還有一句名言：「哪裡有自由文化，哪裡就是我的故鄉。」對香港人而言，自由，也就是我們的歸宿。自由的香港，是我最終的故鄉。

（二〇二一年九月一日）

當石牆沒有花

「最大的感受是，在囚人士是社會好底層、好邊緣的人，好多時候都會被人忽略。正是因為最底層、最邊緣，在他們身上做的所有事情，都是更加重要。我們只是打算（為在囚人士）夏天倒杯涼水、冬天倒杯暖水，好卑微、好人道的工作，好可惜我們連這個工作都無法做到。」

在石牆花宣布解散後，創辦人邵家臻在記者招待會中這麼感嘆。歷經九個月組織化的人道支援工作，這個公民社會後衛中的後衛，也要在港警國安處的威嚇、誣陷中退場。石牆花一直支援的百多位在囚個案，則因此而掉進了公民社會後勤體系的真空。當記者問是否會擔心在囚人士及家屬沒有足夠支援，邵家臻黯然落淚。

在囚支援和囚權推進，是一個因應時局惡化而衍生的工作。

我第一次接觸囚權推進的工作，是在我離開監獄後不久。二〇一七年下旬，當時公民廣場案的三人以及東北案十三子因非法集結案被判入獄數月，引起全城譁然，亦令公民社會開始關注在囚者支援工作。在這些案件前，社運人士被判入監的案件寥寥可數，入獄刑期亦不長；此兩宗案件涉及的人數眾多，而且監禁時期較長，令探訪、家庭支援的工作變得非常重要，亦產生了規範化在囚支援的需要。

在我獲得保釋後，我曾經參與過兩宗案件的家屬互助小組聚會，發起人都是反東北發展、反菜園村拆遷運動等中堅份子，很多被判囚的社運人士都是他們的戰友伙伴。聚會發起人在工餘時間義務幫忙，目的是減輕獄中戰友的負擔，並且盡量收集和分享資訊，例如探訪需知和注意事項，讓家屬及朋友們都較能適應。

除此之外，互助小組最重要的是提供情緒支援——政治犯的家屬和伴侶往往承受著極大壓力，除了有可能政見上並不一定完全吻合外，也可能會被親中媒體等狙擊、打壓，為他們帶來更大的焦慮。在這種情況下，能夠有互助小組，以及有專責安撫、照顧他們情緒的（義務）專員候命，能減輕在囚者的壓力之餘，也盡了公民社會的職責，協助照顧因爭取共同信念而付出的朋友。

在離開監獄後，第一次我參與的囚權項目便是到灣仔政府大樓，與黃之鋒、周永康、邵家臻，以及因魚蛋革命和其他抗爭案件服刑後釋放的手足，抗議懲教署故意侮辱在囚人士，要求署方改善在囚人士的待遇安排。與很多曾經或者現正服刑的前立法會議員一樣，我由巡視監獄的官職人員變成服刑的在囚者，兩者所見的監獄狀況自然是天淵之別。二〇一七年，當時的香港尚未完全崩壞，即使政治暴力愈來愈嚴重，公民社會仍有發聲空間。在示威中，之鋒指他當時被命令脫光衣服，並蹲下抬頭接受問話的作法不可接受；周永康亦直指懲教所職員態度惡劣，喝罵並體罰在囚者；亦有年輕在囚者指他們遭到虐打，投訴無門。那時候我們的提議都獲社會廣泛關注，成為爭取政治犯權利其中一波最早的倡議。

之後在政治案件愈來愈多，佔中各案相繼判刑後，在囚支援的需求隨之上升。踏入反送中運動，香港的政治、司法壓迫以幾何級數提升，石牆花等專責協助示威者的組織便顯得更為重要，囚權、支援等問題亦逐漸由家屬關注的議題，變成民主運動支持者都相當關注的項目。在監獄的手足由數十人變成數百甚至上千人，所需要的支援亦有極大差別，石牆花的職責也增加了筆友計畫、手足出獄後的個案追蹤等，令整個公民社會的力量更能轉化成幫助在囚者的資源。

然而，當民陣、支聯會、教協等公民社會中後排組織都已被逐一擊倒時，石牆花被官媒盯上且被逼解散，恐怕也不是如此難以預料。

「花開花落有時盡，相逢相聚本無意」。

在極權「逆我者亡」的鐵腕管治下，公民社會的空間收窄，直至沒有獨立於政權而富有影響力組織為止。或許在目前的趨勢下，組織的消亡是難以避免；但我們總可以從人的意志和付出，來發掘民主運動的可能。

圈中人見證著家臻多年來堅毅地為在囚者付出，也見證著時局的敗壞，如何催生出一群同道為最受壓迫的人張羅。在這個最需要付出的時代，偏偏，他們掉進時代的長河。

假如眼淚是我們共同的語言，寄望於歷史替我們逐一平反，則是我們共同的盼望。

（二〇二一年九月十五日）

二〇二二香港家書——天光多傷痛挫折　亦盡力生存

香港人：

不知不覺，我離開香港已逾年半。香港一直是我夢中最常出現的主題，沒有之一。我夢到在中學溫習應對公開試，夢到與前伙伴們嬉笑打鬧，而最常出現的場景，是我站在香港土地上，看著一個個熟悉的地方。

保皇黨們說我逃跑了。千千萬萬成為歐美國民的中共高幹子弟，享受貪腐之財、炫耀插著中國國旗的瑪莎拉蒂，卻又不被稱為逃跑。中共愈來愈懂得黑色幽默——所有在他們口中吐出的字詞，包括自由、民主、顛覆、「愛國者」、通緝犯，全都換了個定義。難怪自古有云：「中國什麼都假，只有騙子是真的。」一國兩制是個騙局，所謂「選舉」，也只是騙局中老千出術的那一花招。

在倫敦過了兩個聖誕，迎接第二個新年，等待著那些我不怎麼喜歡的煙火聲。「嘭！嘭！」的響聲，和那吊尾的煙霧，勾起不敢忘記的回憶。假如痛苦連結我們，它的深刻，依然刺骨。

但我們還需要更多的力量才能取暖前行——正如早兩日完騷（完成演出）的明哥（黃耀明）在演唱會所言，我們要懂得享受、快樂。在遙遠的西方，我聽更多廣東歌，也八卦明星娛樂，這讓我感覺靠近香港一點。思鄉時聽〈勿念〉，深陷幽暗低谷就播放〈天光前〉，悲傷來襲時細聽〈Let us go then you and I〉（推薦6號和HOCC版本），要點燃衝勁時奏起〈Warrior〉，最後以〈留下來的人〉總結。還有很多很多，支撐著我連繫著香港的根。記得某天逛臉書時看到Lester（岑敖暉）寫，對在囚者而言，廣東歌已儼然成為精神寄託；音樂跨越國界語言，也會突破鐵壁高牆。人的喜怒哀樂不必以政治語言承載，躍然紙上、暢遊大氣的文化，也是連結香港人的樞紐，不管遠近。

這一年半以來，說我是身處外地的頭號國家敵人，恐怕也不為過。從中共動員的五毛水軍、抹黑攻勢來說，有時候我也不禁失笑，到底他們是多恨這位二十八歲的年輕人？

多年前我便提醒自己，從政者猶如高空走鋼索，必須小心翼翼。政治上我不能犯錯，皆因每個行為都會被全方位顯微鏡檢視；生活上我盡量深居簡出，減少出席公開場合，謹慎地結識朋友；我不愛車、不愛錶也不愛酒，生活簡僕，全神貫注在工作上。的確，遠離位於銅鑼灣的國安公署令我不必受牢獄之災，但中共那些法外枷鎖，卻無處不在。但對於很多遠離故土的港人而言，又何嘗不是同樣狀況？他們雖能一呼一吸自由空氣，內心某一柔軟深處，卻一直被黑暗力量纏繞著，與我城命運分享脈搏。

快到年末，回望過去，不敢說達成何等功績，但可以跟自己說聲：盡力了，辛苦了。年初吃力地寫好二百四十頁《Freedom》，在美國頂尖學府芝加哥大學擔任訪問學人，到年末到處外訪，成為歐盟沙卡洛夫研究員（Sakharov Fellow）以及出席民主峰會，將日程填得密密麻麻，也彌補內心不安。或許在馬拉松中前行數步並非大事，但在低氣壓中，懂得如何欣賞微小進步，是重要的處世學問。不被絕望吞噬，就要懂得在每一（小）步賦權（empower）自己，在軌道上繼續前行，絕不放棄。

面對來自四方八面的壓力、時常鞭策自己的焦慮，潛藏在生活角落的危險，的確讓人吃不消。一年過去，除了要不負期許外，也深感好好照顧自己的需要。政權最希望的，是人民深陷消沉，或是縱情享樂——我們所需要做的，是找到平衡。我們承擔痛苦、為受難者努力之餘，也要讓自己身心得到應有的照料。感受世界的美好不是罪——畢竟凝聚社群最強烈的，除了悲痛，是愛。

在年尾的這段時間，我終於可以稍作休息。放慢步調，與友人同儕聚會，也花了一些時間懷念往時。很多我以為不再碰見的人，都在倫敦相遇——包括曾被困理大的中學同學，曾在街頭呼喊口號的隊友，曾在公民社會共事的友好。我也認識到在英國的港人家庭，了解到他們在烽煙歲月的故事，要與孩童遠走的苦衷，以及形形色色的內疚、不甘。或許我能做的不多，讓你們知道有人了解內心複雜的情感和經歷，就足夠了。

二〇二二年的香港，必然不會有巨大曙光。但我們要做的，就是讓眼睛適應黑暗時，腦袋保持清醒。在光轉暗的瞬間，瞳孔會急速放大，貪婪地吸收光線，好讓我們看清前路。長夜漫漫，但一切一切，都要看得清楚，記在心中。或許在香港的諸位無法大聲吶喊，但也須辨別是非、牢記真相，一步一步地慢慢前行，總能摸索到自己的路。我能夠做的，就是替你們疾呼。

感謝於二〇二一協助、扶持我的人，希望在二〇二二年，我能成為更好的自己。大家也要好好保重，繼續保持公共生活，不要被極權切割眾人的聯繫，飲水坐直，莫失莫忘。

天一光，請你帶上一起擁抱的暖
天光多傷痛挫折，亦盡力生存
留給你飛船，前方有一片茫茫大海
祈求能讓你跨越
——〈天光前〉

（二〇二一年十二月二十八日）

在荒謬的時代，如何面對無力和恐懼

二〇二一年六月失去《蘋果日報》，半年後失去《立場新聞》，新年伊始《眾新聞》宣布停運，就像是本應彩色的世界逐漸慢慢蒙上一層層灰，到最後連黑白也分不清。這種目睹在臉書上已分享連結逐一失效、剝離公共生活的感覺，就像被逼著將自己與大眾割裂，無法再透過共享的認知和情緒帶來集體改變；生活在異地，面對忠於新聞價值的媒體消失，更感到愈來愈與香港脫節。

這幾天屢次打開電腦，落筆整理思緒和去路，奈何每次都失敗而回，擱筆告終。自從二〇二〇年離開香港後，我便默默告訴自己：一定要「爭氣」，一定要將榮光帶到香港。在前路茫茫時抵達倫敦，我意識到這或許是長達數十年的計畫，比起創黨、選舉、議席，要困難和漫長得多。於是我學習、健身、運動、結伴，生活的目標很直接，就是除了「鬥長命」外，也做一切能夠提升香港議題地位、呼籲國際對中共強硬的工作。這種自我期許是唯一能夠中和深陷骨髓的「倖存者內疚」，以及支撐我做離開香港的決定。我離開沉淪中的小島，跳上一架高速前進的列車，嘗試帶來改變。

但我很害怕成為與香港割裂的人。於是在這一段時間，即使新聞多麼難受、嘔心，我還是耐心地一篇篇閱讀，緊貼果籽、立場文化版，嘗試在異地貼近香港市民的脈搏。我不希望當我離開一年、兩年、十年，當我更為融入他鄉生活時，我無法與香港人同呼吸、理解當地政治文化氣候，屆時我的倡議工作便不可能得到香港人認同，也不可能具代表性。我不想重蹈很多流亡人士的覆轍，於是我鞭策自己，在理解本土政治時，也要取得國際社會認可，以流亡異議者／前立法會議員的身分，擁有影響國際輿論的資本。

這些媒體的被逼死亡，加深了我對與香港脫節的恐懼。不單是政府的醜聞無人揭露、真相不被知曉，從而無法形成監察政府的輿論效應，更是令人民難以掌握民情，觀看社會時就像一幅不斷被磨沒的素描畫。這種鴻溝，只能泛濫地閱讀社交媒體、論壇來彌補——但這又足夠嗎？由離港開始醞釀的焦慮，如鯁在喉的感覺，在這一波媒體清算中被無限放大。與很多香港人一樣，最近都在學習與自己的情緒相處，導引它們往正面的宣洩，但也不免感到無力、失落。

走筆至此，我更為一眾記者難過。一輩子專心致志在新聞專業而蒙冤入獄，抱著崇高理念、監察政權的，也面對身分認同的破碎。這個社會已容不下視新聞為第四權的記者——他們不單失業，生命很重要的一部分，賴以建立自我認同、甚至信仰的，都被剝奪了。他們所累積的專業知識，甚至榮譽、安定感，都一瞬間被摧毀。你能想像那有多殘忍，令人有多難過嗎？他們的擁抱、眼淚、狂吼，都是源自心底的沮喪。

我能做些什麼？這段日子，都被這個如此簡單、卻難以回答的問題煎熬著。在很多人眼中，我算是一位在重要位置能發聲的流亡人士，也在有限的時間空間內取得一些媒體關注。而這種失語，更是讓我感到辜負這些期待——當香港朋友最需要國際支持時，我竟然找不到可以有效切入、呼籲的行動。而很多極為重要的問題，包括誰來填補這些位置、海外倡議工作如何與本地社會交流、如何繼續支援香港在地的工作，都無法得到妥善回答。

呼，我就在這種翻來覆去，難以下嚥的狀態下交戰了好一段時間，當中感到無助、失落，也有頗嚴重的情緒反應。但生活就是要繼續前行，不是嗎？在鋪天蓋地的打壓下，我們無法取勝，但也不被擊倒，才是刻下處世之道。也許藍絲們意氣風發，也許在這篇文章刊登後又會引來五毛們狙擊，然而共鳴、療癒，是社會集體悲傷時，最重要的方法。假若日後你們都無法在香港的新聞媒體看到我的消息，至少你也從這篇文章知道，我與所有現在感到無力的朋友一樣，I feel you，我們是在一起的。

在我大約五、六歲，開始建立對世界認同的過程時，我一度以為我就像《楚門的世界》（*Truman Show*）的金．凱瑞（Jim Carrey）一樣，是活在大型舞台上的主角。之後我慢慢發現，這些精神模型的建立，是一種對不幸的補償——那時候家徒四壁、父母經常吵架、時常被體罰，也無法在傳統家庭中找到毫無保留的幸福和愛。於是我想像，會不會在某個時候，有位主持人跳出來說：一切的貧窮只是劇本，父母爭吵也只是一場戲，布幕背後是無憂無慮的生活，我可以脫離這種生活了！

當然，一切都不如電影般展開，生活如常，直至長大成人，慢慢捨棄了「世界是一個劇場，而我是主角」的那種感受。這並非指我能夠擁有改變世界的能力，只是我再不相信「生活一切悲劇都是虛假，有幸福和美滿生活在『真實』中等待著我」的念頭了。但在青春期、成人世界眼中，我們有另一種的「主角」——是那些站在舞台中央發光發亮，覺得可以扭轉時代、命運的人，在電影最後一刻拆除炸彈、推開毀滅地球行星、將大魔頭送上西天的那位主角。

他們擁有無與倫比的力量，一切脆弱都是變強的燃料，肩負著身邊所有人的期望，來配合「有志者事竟成」的美滿結局。在年少氣盛、滿腔夢想，或身在社會運動浪潮的人，或多或少都有這種沉重的責任和期許。

這讓我想起〈床頭燈〉這首歌：

快毀滅的地球　總會出現英雄
不知不覺也欣然接受　那並不是我
我慶幸我走在一條　不完美的道路

認清我們　多渺小　多麼脆弱
刺眼的青春宣告沉默　換床頭燈一座
卻照亮了　眼前的　所有

未來受苦繼續、傷痛依然，但與世界相處最好的作法，是認清自己的渺小，再由一小步、一小步做起，對任何微小而良善的過程感到欣喜，不要苛責自己的無力。人的長大，是一個個認清自己不是主角的瞬間，卻又不對世界感到絕望，保持熱情和對美好的追求。

在信念失離、眾人離散的時代，支撐著我們熟悉的巨塔一一倒下，剩餘的，就只有對香港人身分的堅持，以及一眾對無名手足、同路人的愛。或許在無法好好別離的時代，愛才是我們的救贖，將我們從自責、憤怒、無力、絕望深淵中拯救。

（二〇二一年一月四日）

當行之事　活出歷史

每次提筆前，我都會在「我想說的」與「讀者想看的」作一個平衡，避免花了力氣寫一大篇文章卻乏人問津。這是唯一一篇我完全不理會點閱量，只寫「我想說的」，皆因都堅持兩年了，我應該可以在回顧文章中放肆一下吧。文長，能夠讀到最尾的朋友，我想向你說聲感謝，皆因這個世界因你的舉動而對我多一點理解。

一

不知不覺，離開香港已逾兩年。時間流逝的速度，受處身其中的情緒感受影響——這兩年，牆內的人感覺漫長，但對我而言，日月如梭。對故地舊友的想念從未消退，在夢中時常看見它／他們的身影：於長大的屋邨，煎熬的公開試（及試場），烈日當空的球場，以及無盡的奔跑、危難、抗爭現場……很多個夢，都是以滿頭大汗作結。有時醒來後，張開眼睛就感到世界無比清晰，似被一劑強烈的腎上腺素催醒，肌肉細胞告訴你要準備面對危難。當你環顧四周，發現自己被熟悉的床、天花板包圍，你的大腦向你開了個苦澀的玩笑。當然，除了那些被捕、逃跑的夢，還有應考公開試前完全沒有溫習等生命中的傷疤排隊敲你腦袋的門……好像人的精神變得糟糕，連那些潛意識裡埋藏的恐懼，都會變得活躍起來，成群結隊攻擊你腦袋中的免疫系統。

但日常的節奏是如此急速，好像一晚驚恐，都熬不過一天的勞碌。時日過得很快，皆因有滿欄的事務推著你前進，走得慢便會被自己的承諾鞭打。訪問、會談、寫文、閱讀、籌備工作……我對自己的期望，是要承擔起我被認許的責任。至於那些是什麼責任？其實很虛浮。長年參與政治運動，我已淡然面對很多來自不同角度、地方的批評指責；而人生諸多決定都是give and take，永遠都沒有滿足各個需求的答案，只有清晰地選擇自己的路，然後做好迎接負面後果的心理準備。很多時候，我都將精力集中在對我有期望的人身上，以及於力所能及的範圍帶來改變。我不期望成為開紅海的摩西、引領想像中奇蹟瞬間的人，或者提供若干年能光復香港的承諾——我只希望不斷成為一個更好的人，在這條艱苦的路上陪伴著大家。

其實很多人都清楚，在運動低潮的鎂光，傾向將人灼傷，多於照亮。這兩年來變得更能言善道，惡補歐美政治知識，希望在鏡頭前後不丟香港人的架（出醜），也希望你們見到我的進步——我希望被大家看到，即使在很遙遠、很遙遠的異國，即使隔著跨越不了的圍牆鐵欄，我會陪伴大家走過這段幽暗低谷。有人說潮退時便會知道誰沒穿泳褲——我希望自己是潮退時仍然會留在海灘，渴望與你們看著斗轉星移，依然覺得很有趣的那個人。

至於為何將文章寫得感性，大概是因為病了五天，服了五天感冒藥，又確認了不是COVID，才突然覺得要擺脫機械式地講兩年來做過什麼的橋段，來回顧這兩年跌跌碰碰的人生（內心）。早幾日測試自己是否中了肺炎時，又想起香港，很努力地回想香港目前的防疫狀況為何，但腦中只有模糊的答案。

二

滿佈紅旗的屋邨、名校合唱獻媚，學子裹著紅頸巾在地鐵以普通話溝通，看著這些社交媒體貼文，我會想香港到底有多陌生。假如我現在神不知鬼不覺回到香港（這確實是我發夢遇到的場景，那是個關於逃出香港並避免於機場被捕的夢），我或許會認得街頭巷尾，懂得去喜愛的餐廳和茶座，理解大家的冷笑話和追星的熱情，但我總覺得會有一種難以言喻的氛圍，令我對一切熟悉的感到陌生。是那種當有人談到政治時，隔壁的老友會抓他衣領，睜大雙眼將食指放在嘴唇上「噓」的感覺，令人如坐針氈，時刻都覺得項上有刀的感覺。以余英時的話來說，當人跨過了深圳橋來到香港，雙肩感受到的無形壓力突然消失的場景，恐怕已不存在。那道界線只剩下象徵，那道界線擴展，由深圳河，到香港島的邊界。

但我還是覺得，那片土地所帶來的情感，是在世界任何地方都無法取代。兩年來在英國倫敦的生活，也經歷了很多波折、搬家五次，由一開始時常感到忐忑，總是擔憂中共的魔爪；到之後活得比較自在，開始了一些社交活動，將生存慢慢進化成生活。離開香港的感覺，像是開始一場很漫長的旅途、一場沒有歸期，卻一直渴望歸去的旅途。

我們就是存在於這樣的掙扎和夾縫：為了走向一個應許、想像中的香港而離開，在成為異鄉人後，回頭看著外表依舊璀璨，卻已失去共鳴的「新香港」，還是想著回去。

我從來不覺得自己勇敢，我在很多訪問都講到，我其實是非常幸運的了。我曾思考為何政府會放我離開香港，其中一個最有可能的答案，是他們覺得離開了的人再也沒有政治潛能，我也不是重點招呼對象之一，所以就在暴風雨的前夕，讓這個年輕人緩緩遠去。而那場二〇一七年取消資格的鬧劇、打壓，也神推鬼𢫏（編註：鬼使神差）地讓我選擇到外國留學，否則若果我在二〇一九年依然在立法會，也必定會早早成為階下囚，無法在國安法生效前離港。

有很多歷史的偶然促使我踏入參與政治運動的歷程，也有很多當刻認為是惡夢的事件，在若干年後回想，成就了當下的自己。自此之後，我習慣將很多獨立的事情串連起來，視他們為歷史長河的過程，例如將一九八九、二〇〇三、二〇一二、二〇一四、二〇一六、二〇一七、二〇一九……這些數字串連起來，成為一個代表著香港公民運動的數列。它們未必包含著貫徹的意念，或者固有的邏輯，只是當我們視個別的失敗為邁向成功的中途站，我們會著眼在路途盡處的光，而非當下踏中的暗。

我們身處的客觀環境已夠糟糕了，鍛鍊內心的強大，來讓這趟旅途走得更順利，是我賦予自己的任務。這兩年來，我都是懷著戰戰兢兢、又莫名感恩的心情，嘗試在複雜的內部及外部政治局勢，走出一條屬於自己的倡議之路。當有一些我不能公開澄清、必須低調進行的事件發生時，面對旁人有心或無意的誤解，我都會坦然地全盤接受，不做多餘的辯解，為了保護某一個目的而承擔這些指責。我覺得這是我身處這個位置，應該要背著的箭靶。

三

我希望在未來某一段時間，當人們開始談論我的名字時，不單說我是一個倡議者、activist，也可以是某一個議題的專家，是公共知識分子，也是推動社會進步的人。這與我對香港倡議工作的想像有關——它必須要「搭單」連結其他在各國有更高優先次序的議題，例如是與中國競爭（中國人權）、威權崛起或民主退潮，甚至新聞自由、宗教自由等，才有可能保持在政策討論的範疇。因此，我這兩年所做的不單是在香港的議題中發聲，尤其是關於國際民主退潮的討論，都嘗試以activist的身分涉獵，並且也獲得不少參與討論的機會，藉此帶出香港議題。

或許有些人都覺得「光環」戴在頭上就是一輩子，有些「政治明星」（我不同意但他們會這樣歸類）就自然得到很多關注、邀請，以為我只是個「見了大官」的人，這大概是不少人存在的很多誤解。有時候我覺得我政治倡議的生活，有點像運動員——在舞台上、球場上的一分鐘，台下都是累積了許許多多努力。不論是對於各個議題的基礎知識、語文能力的運用、對各個圈子的了解以及認知，或者簡單至日常的社交媒體傳訊、與各個組織建立的關係和網絡，都是滴水穿石的工作。就像村上春樹聊職業作家的生活一樣，相比起靈感、天份，它更考驗一個人有沒有每天恆常地花一些時間，不論心情好壞、天氣陰晴，都要寫出一些文字的毅力。

身為一個在國際人權圈子不fashionable、普遍年輕人不太關注、大財團廠商會因中國因素而保持適當距離的倡議者，其實還是蠻吃力的。很多時候政府會嘗試保持距離，也有大型活動因「中國因素」而取消邀約；動員各國的市民參與倡議活動，也因議題不流行而很多時候無疾而終。大家看到的都是「倖存者偏差」，只有成功的、吸引注意的隻形片影才會留在大家的腦海，其餘的大多都是不被關注，或者我索性不會公開，而這些試錯的經歷佔據了大部分工作時間。

鋪陳這些天南地北，其實也是希望扭轉大家對我倡議工作上的認知——以為只是打卡影相，或是到這個那個場合講一個若干分鐘的發言，其實都錯過了倡議工作的本質。實際上，假如這是一個只講求天才、魅力或際遇的角色，與出身、資質平庸的我根本並不匹配。倒不如說我願意捲起袖子、倔強前進的性格，剛好與這種需要「磨」的工作範疇，出奇地吻合。

當然，說到底，我也只是一個在人權議題中掙扎求存，渴望帶動改變的人。我從不覺得大家應該要將我放在哪一種位置，視為香港／民主運動中任何需要讚嘆的角色——我只希望大家認可我作為運動中的一部分，所承擔的特定位置，來檢視我這個平平無奇的男子。Nothing more, nothing less.

四

在摧毀了政治反對聲音後，極權政府的最終目標是破壞人與人之間的連結，阻隔一切組織工作。它們會將恐懼栽種於人與人的關係中，令人害怕被拘捕檢控、被身邊的人舉報，從而令信任不復存在，令公民變成一盤散沙，政權可以「一對一」地進行區隔、報復和打壓。在後國安法年代以及公民社會崩解的一刻開始，我們便應該對極權的最終目的有所防範，並積極面對。

因此，在規避了被直接歸類為政治敏感活動後，我們需要建立安全區域，嚴格地篩選進入你安全區域的朋友，並持續地連結身邊可信的朋友。我們要建立將身邊的人分層歸類的習慣，只將「敏感」言論向最信任的朋友表達，其餘時間保持警惕。我們要重新習慣公共生活，摸索禁區的邊界，既不主動越界，但同時避免縮得太後。假如覺得大環境令人窒息，那就集中在「小環境」吧——在有限的圈子中將生活過得好一點，同時支援身邊的人，不要覺得投進運動的每一分力量都會無疾而終。其實，抗爭運動當然有它宏大目標，但也有很多小目標可以達成，例如使被捕手足過得好一點，使身邊依然被創傷困擾的人得到慰藉。有時候，我們就是要從這些小小的里程碑中得力，才能咬緊牙關走下去。

在海外的港人，我們也有責任承擔香港文化、記憶上的傳承工作，並且讓這些聲音保有熾熱的生命。但在進行這些工作前，我們必須將活動目的思考清楚：到底是用以內部凝聚，還是令本地社群更認識香港？有些活動兩者兼得，有些則需要將受眾分類。供社群內部的活動必須是更「Hardcore」，或者將議題聊得比較深入，也對抗爭的革命性質更為敏感，有些觸碰到傷口的位置要小心處理；吸引本土社會，擴闊香港議題受眾的活動則講求融入生活、相對淺顯及容易入口，當中的邏輯便與前者大相逕庭。一個成功的社群經營，兩種面向的活動都是必須的，社群的成員也要明白兩者存在區別，避免以前者的規條去審視後者。平衡這些工作是困難的，但也是我們需要跌跌碰碰地摸索。

談及面對運動、工作上的轉化，也不得不談「move on」的問題。這是一個相當敏感的字詞——在運動擔任不同位置，投放不同心力，甚至有不同犧牲的人，或者會對這個用語有截然不同的理解。有些視此為「拋棄過去」並迎接新生活，隱含著將過去發生的事情當南柯一夢，當粉筆字般抹去。有時我不禁在想：真的有可能嗎？我們對運動的感染力，或者人的良知，有這麼的不信任嗎？或許吧，但我深信這樣「move on」的只是很少、很少部分的人，他們或許在活動當中早已沒有什麼參與。那些深印在腦海的烙印，那些苦難，所產生出來的回應和變化，都不可能單單因為「不能說、不能做」，甚至不能dadada……而被抹去。正如何桂藍在〈共同、記憶、勇氣〉一文所言，大家要延續的是二〇一九年所誘發的成長，並努力地將它活在自己的生命中；面對他人苦難最佳的回應，並非苦口婆心地叫人「現實」一點，而是暗暗地向自己許諾，我們都可以勇敢一點，我們都多信任改變的可能。

有些人的「move on」是認同了現實的局限，接受了香港的民主運動再次進入另一個冰河時期，從而做出回應。延續二〇一九的理念、行動是一回事，但被困於二〇一九年的狀態，無法從中走出來，再創造屬於這個時期的組織（agency）以及行動，則是另一回事。尤其是轉換了「跑道」，例如我由一個香港在地的社會運動家變成國際倡議者，所需要具備的能力及工作的內容，甚至理論的重點，都會有所變化。我的「move on」，並非要叫大家忘記或捨棄，而是帶著傷痕走到另一個階段，重建屬於我們的堡壘。只有轉換視野和心態，才可以擺脫無力，不再被「做咩都改變唔到」（做什麼都改變不了）、「做咩佢地都出唔番黎」（做什麼他們都無法離開監獄）的自責綁架，從而找到新的力量。在監獄讀書是力量，在海外創作是力量，支援手足是力量，行動不論多麼微小，都會帶來一些波瀾。

有時候遇見很多人都會問「到底有咩（什麼）可以做到」，我總覺得很難回答這個問題。你想為了什麼而做？你期望做了這些事情後，帶來什麼影響？你渴望翻天覆地的變化，或是撫慰內心的焦躁不安？我覺得這個問題的答案，其實就在於不再向他人發問，在腦海中迴盪著。因為問題的答案不假外求，而是從自己開始建立。假如大家都當自己是運動的一部分，那麼自己的成長，對社群的認知，就是為「做咗野」（做了一些事情）的基礎了。當自己擁有意識和資源時，自然能夠探索到對運動／共同體有所助益的事情。

我與藍有一點出入的，是當我要定位（address）香港人時，還是覺得，共同體／運動／同路人這些字眼，有它的價值。當然，這些符號所指涉的人，或許已有一些變化；但它能夠創造認同的想像。換言之，這些都是「動詞」，能夠帶動認同、情緒、回憶的字句，是縫合社群的針線。當它刺下去時會隱隱作痛，但傷口結痂時，我們會更強壯。當我對它有質疑時，那便是我更應該多把它寫出來的時候。

這就是「唔係有意志先可以去行動，行動嘅過程都可以產生意志」（並不是有意志才行動，行動的過程中也可以產生意志）吧，或許。

五

有看《海賊王》的朋友，都知道「兩年後」這個篇章的意義，代表團員四散異地、各自修行的時間，變得更強大後再重聚。我不知道自己是否變得更強大——或許，我們都是政權眼中不起眼的小螻蟻。但我希望成為一隻巨人們都會專程蹲下來看個仔細，甚至被邪惡撲殺時，都要敲鑼打鼓才能動手的小螻蟻。

我覺得我在歷史長河中有特定的位置，我很清楚自己的任務和局限，因此我有些事情不會做，有些話不會講。大概我就是一個過於平凡的人，所以才有近乎偏執的「自知之明」，也明白很多人和事都不是我一個人能改變。

兩年過去，我的願望都沒有改變：從香港國際機場起飛的一剎那，眼淚掉下來時，我就決定我的人生都用在鋪回家的路。我不想講得好像很悲壯，我的付出也遠沒有在承擔苦難的人多（我已經很幸運了）。但我們的運動除了苦難，也有很多很多東西，例如無私、突破、知識、感染力、團結等重要的基礎，來讓我們成為一個更優秀的群體。也許我可以在這些特質上多花一些功夫，多勇敢地走多一兩步路。

願大家亦抱有同樣期望，以各自的方式，活出歷史的重任。希望大家一切安好，未來見。

（二〇二二年六月二十九日）

當年團友　今天政助

人生的際遇很奇妙。

我的中學就讀的是東涌的教聯會黃楚標中學，與培僑、香島、漢華等傳統「愛國」中學一樣，有著深紅政治色彩的辦學背景。大部分中學同學都居住在鄰近的公共屋邨，其共通點就是家境偏向清貧，沒有資源和能力做個人探索，參與的課外活動大多都是由學校舉辦和推薦。在這樣的背景下，在中學時期我以非常相宜的價錢（大多都是數百元港幣）參加了許多中國的考察／研習團，曾到訪廣州、四川、北京等地，皆因當時有很多商家願意贊助這些「國情團」，算是非常划算的行程。除了廉價旅行團外，老師亦會鼓勵我們參與不同課外活動，一些掛著「學生領袖」等名號的交流活動便成為學校推薦學生參與的恆常活動。

當時的我完全不懂如何分辨團體的政治光譜，不知道「民建聯」代表什麼政治立場，便在學校的安排下誤打誤撞加入了「灰線」活動以及組織。這些組織以文娛康樂、領袖培訓等名義接觸年輕一代，網羅新人，目的是讓親共團體在這些參加者中播種、揀卒，培養統戰系統的新人，壯大建制派的人才庫。當時我參與了一個青年領袖培訓組織，很多現時民建聯的立法會議員都曾於此擔任要職，只不過他們會以「商界領袖」、「地區工作者」的名銜自居，淡化其政治色彩。在資訊還未非常發達、政治矛盾尚未尖銳的年代，很多參與者都沒有察覺他們的紅色背景，只覺得參加活動是「開拓眼界」的機會，並且有些資源可以運用，來舉辦地區活動、學生交流等等，完全沒有留意灰線組織背後的政治動機。

記得有一次在歷時七天的北京交流考察中，臨近行程完結與一個團員聊天時，發現有一部分活躍團員在某個晚上被叫到「領導」的辦公室，進行非正式的「面試」。這個面試的目的很簡單——測試你是否願意加入他們的政治團伙，是否「政治可靠」，或者是位純粹「向錢看」的機會主義者。只要你願意「向左轉」，乘坐的將是仕途直升機，畢竟願意加入親共組織的年輕人是少數，有能力的更是鳳毛麟角。

結果，在昨日李家超公布的名單中，我就看到當時一起參加聯會活動、中國考察團的友人，成功在立法會建制派辦公室工作數年後，以民建聯成員的身分背景，晉升為政治助理，成為香港的「管治階層」。

這個故事，我在《Freedom》也有稍微描述——或許在某個平行時空，被叫入辦公室「揀卒面試」的會是中學時懵懂的我，當時的決定，又會如何影響我往後的一生？那些自小相識的朋友，有的漏夜趕官場，享盡「年輕才俊」願意左轉的政治紅利；有的背水一戰，投身抗爭運動，並須面對打壓、牢獄；也有默默地在背後支持著民主運動的，以在灰線組織的經驗去協助大家理解共產黨的統戰網絡如何運作。

人生充滿奇遇，而每個unexpected turns，又進一步雕琢你的人生。或許即使當時我得到坐政治直升機的機會，也會因為生性嚮往自由，而毫無保留地拒絕。而這些透過與中共合謀而平步青雲的人，無論有多麼「成功」，都不會得到世人的尊敬和信任。

（二〇二二年七月二十三日）

牆內外的人

牆外的人要如何過活，才不會「愧對」牆內的人？

這注定是纏繞香港人長時間的問題吧。

每個民主運動內都有不同崗位、承擔不同風險的參與者，他們各自面對高低不一的付出和犧牲。在運動中最底層的道德邏輯，付出、犧牲更少的一群，應嘗試以其他方法，例如捐助物資、情緒支援、成為「家長」（照顧年輕的示威者）等方式，來嘗試填補各自付出不一的差距，令因運動受更大困苦的一群得到更多支援。伴隨著付出的不均等，是來自大眾的「內疚」——他們對當中身陷囹圄，或在運動中受傷甚至逝世的都有「道德虧欠」，這種感受成為這些大眾日常行為的其中一種指標。

「你做了ABC，對得住XYZ嗎？」這種反問句式，我們時常都能在關於抗爭的討論中見到。當中的含意，是群眾需要擁有與運動原則相符的行事標準，例如不去吃「藍店」、不投票給建制派、不放棄在囚手足等，否則這不單是對「運動」這個概念的背叛，更是對有很大犧牲的手足的傷害。這種將「虧欠」由「虛」（運動）變「實」（個人）的論述，令運動參與者的感受變得更為貼身，從而引起更大的道德規範。

但這種概念上的轉移，是有一定盲點的：這些在囚者、先行者的想法，未必符合我們想像中的那些準則。昨日便讀到一位在囚者伴侶對網友的反駁：網友指該伴侶上傳美食照片，「吃喝玩樂」過得快活，便質疑他是否背棄了在囚男友，「對唔對得住喺入面坐嘅人」（對不對得起裡面的人）。事主反駁：她除了一直有參與的支援工作，其實在囚人士最希望牆外的人生活愉快，不用像與他「共同坐監」一樣，過著眉頭緊皺的生活。牆內的人不用擔心牆外的人，能令他們日子過得舒心一點。

這也讓我想起部分人的批評，指我或其他同伴西裝革履與各國政要會面，以及出席大型峰會，在囚人士看到這些消息，一定會心有不甘，感到被背叛。這種也是頗為背離現實的想像：在眾多經朋友捎出的獄友口信中，有很多政治犯在報紙及新聞得悉這些民間外交工作時，是感到相當鼓舞的，皆因他們深知在外的戰友依然四處奔波，為共同的理想努力。「感到安慰」，是很多陷獄朋友形容收到這些消息時的感受。

要了解這些朋友的想法，最有效的，當然就是透過書信、接觸，去感受身在困苦的人，他們是如何看著圍牆外的同伴。最能夠讓他們感到放心的，不是牆外的人同樣過著清苦的生活，或者被現實政治的殘酷打倒，而是「做埋佢地果份」（把他們那一份給完成），在有限的空間內依然想盡辦法突圍。

當然，「牆內的人」也是一個概略用詞，香港有上千位政治犯，各人的想法也不盡相同，我們更要留意不同背景手足的想法，以及如何令大家不致陷入互相指罵、猜忌的漩渦。我相信對大部分在囚手足而言，在外的我們照顧好自己、家人，行有餘力互相協助，意志堅定，默默做事，便是他們認可的事。

（二〇二二年八月十日）

再見，英女皇

英國時間中午，即時新聞指皇室成員正在世界各地趕往英女王於蘇格蘭巴爾莫勒的行宮，Twitter隨即湧出一系列對英女王健康惡化狀況的猜測。她的上一次公開露面，是在兩日前接見剛勝選成為保守黨領袖以及新任首相的特拉斯（Liz Truss），大家都想像不到事態會急轉直下，也感到難以面對即將傳來的噩耗。

晚上約六時，手機傳來BBC的即時新聞，指英女王逝世，享年九十六歲。BBC新聞播報員早在數小時前被告知要換上黑白素色衣服，首相府外國旗亦在消息宣布後立即降半，人群開始在白金漢宮外聚集，不消兩小時已達逾萬。

天色由光轉暗，倫敦剛經歷完一場大雨，兩道彩虹於人群上方出現，在場直播的攝影機捕捉了這個魔幻時刻。

任期最長的一國元首，在服務子民七十年後，平靜地離開世界。

在不同的國家，都有不同象徵團結國民。在香港，是璀璨斑斕的維港、滿街烽火的人潮；在美國，是保護國民自由的憲法，以及守護國土的軍隊。

在英國，應該就是議會和皇室了。雖然皇室聲譽隨成員的個人品行才德而異，但毫無疑問，英女王是最得民心，最奉獻於皇室工作的一員。

在英國的君主立憲制中，國家元首是虛銜，實際權力仍掌握在由市民選出的民意代表中。正是英女王凌駕政治衝突的設計，才可令她在動蕩中超越政見、凝聚共識；而她亦是人民心目中的定海神針，優雅、睿智，在幻變的時代中，很少使人民厭惡、失望以及失信。

現代政治體系不斷面對合法性危機，我們所認識、美好的舊世界陸續消失之際，她的存在提醒我們道德和責任的可貴；在面對能源危機、經濟衰退以及烏俄戰爭時，她的逝去，又怎能令一眾本就身處困境的英國市民接受？

有位時事評論員說得很對：英國人，遠遠尚未準備好面對她的離去（I don't think we're remotely ready for her loss.）。

我從來都對皇室生活、歷史，甚至英女王都沒有特別好感。我不是在那個年代生活的——於一九九三年出世，於英殖時期後的一九九九年來到香港，我對一九九七年前的政治象徵沒有切身的感受。

但我知道她的外號為「事頭婆」，是廣東話中的「老闆娘」，雖然在治理國家上沒有實權，但大家都覺得她惠澤子民，是帝國的「頂樑柱」。郵票、硬幣背後，都有她永不衰老的容貌，戴著一頂「臃腫」的皇冠。紀念英女王就任七十年的「伊莉莎白二世登基白金禧紀念」剛於六月完結，我沒有參與那些慶祝活動，但我走在街頭、看著英國人投入的樣子，我看到身為國民的自豪，擁有共同文化根源的愉悅。我替他們高興。

在二〇二二年九月八日，於倫敦見證這一切一切，我感到唏噓多於哀傷，感慨時代的終結，總是來得出人意料。也許我們這一代，是注定要看著美好的事物消散，又在倒下之後站起來，無盡向前。

（二〇二二年九月九日）

北京四通橋示威勇士如何動搖中共管治威信？

中共二十大開幕在即，三天前北京四通橋勇者掛起橫額，呼籲結束「清零」防疫政策，並要求習近平下台。

在示威後的這幾天，各地發生了什麼值得關注的事情？

首先，當然是香港傳媒的缺席。香港大部分主流傳媒奉行了嚴格的「自我審查」，沒有報導相關事件，曾經出稿的香港01亦隨即下架，而英文報章《英文虎報》（*The Standard*）則主要轉載外媒相關新聞，著重分析中共隨後在網路的言論審查工作。

在示威後，中共亦嚴控網路言論，除了將轉發相關消息的微博、微信用戶封禁外，敏感字如「海淀」、「北京抗議者」和「四通橋」被迅速屏蔽，搜索「橋」和「英雄」等與之相關的短語也只能得出部分結果。

在言論審查、維穩工作上，中共一直非常高效，相當迅速地遏止示威訊息的傳播。值得一提的是，香港傳媒雷厲風行的審查也算是最近因應政局急速衍生的自保計畫，可以預期未來關於中國大陸的異議人士新聞，甚至國外政要批評中共、海外港人和中國人示威等新聞，主流傳媒都會減少報導，香港人想要透過新聞獲取客觀、可靠的資訊便更為困難了。這種媒體自我審查現象，也與早前的民調指香港新聞自由跌至新低的結果吻合。

而這位網路上推測名為彭立發的勇士，其實在示威前已於Twitter（其帳號仍在，但貼文全刪，絕對有理由懷疑是國安脅逼下進行）發布呼籲全國總罷工、起義，然而水落無聲，全國也只有他願意捨身示威。這種孤零印證了要將國外資訊穿過中國網路長城的艱難，以及在全面的監控的高壓社會下，即便在「清零」等政策的壓榨下，目前仍未有讓中國人民如伊朗等地市民抗爭的誘因和基礎。

相反，身處異地的中國人便異常活躍。在海外多所名校，例如美國密西根大學、芝加哥大學、紐約大學、英國倫敦大學學院等，都出現聲援北京示威者和聲討習近平的標語，也有中國流亡異議者舉辦討論會，思考如何擴大這次示威的影響力。

思想較為進步的中國留學生，一直都由於中共威脅家人的長臂管治，即使在對中共憤怒的情況下，依然難以於海外發聲。上一次中國留學生集體動員的事件，便是吹哨者李文亮醫生被拘捕訓誡，之後因疫症喪生的事件。但這些情緒並無延續下去——當中共在二〇二〇、二〇二一年比西方國家更能遏制疫情，其主旋律重新包裝李文亮的故事，將他從被打壓的吹哨者變成國家英雄，進步派在海外的異議行動便失去動能，結果也只能由中共重新掌控論述。

因此，到底這場海外聲援四通橋勇者的運動能否持續，能否令更多中國留學生重新審視中共管治的合法性，從而將反對力量穿透至中共城牆內，是一個對於點火苗能否醞釀成「星星之火」的重要因素。

無論如何，中國出現異議聲音、共產黨管治動蕩，其合法性被削弱，對於身處任何光譜的民主派而言，都是值得關注和支持的事。國際局勢當然對中共未來是否倒台有重要啟示，但中國人民會不會在未來揭竿起義、反對暴政，這也必然對情勢帶來決定性的影響。

示威後數日，似乎中共依舊能洗太平地，各地也沒有群眾洶湧的跡象。當權者依舊權傾天下，但我相信每一個英雄式的對抗都能喚醒部分人民，從而累積更多反抗暴政的力量。或許我們無法以行動支持他，但銘記、傳播勇者事蹟，已是我們在新時代的抵抗。

「為眾人抱薪者，不可使其凍斃於風雪。為自由開道者，不可令其困厄於荊棘。」

（二〇二二年十月十五日）

白紙運動

對中國示威無感，不難理解。

很多香港人在身分認同上愈走愈遠，沒有「血濃於水」的感覺，甚至討厭二〇一九年時中國國內網民普遍對香港的冷言冷語氛圍，自然也認為今次示威，也沒有特別需要關注的地方吧。

我明白。

身為中共抹黑攻擊的受害者，我的社交平台曾經被數千個「牆外出征」小粉紅洗版攻擊，留言信箱充滿人身安全威脅訊息，假新聞在中共網軍操弄下登上「微博熱搜」。

二〇一九年在美國大學演說時，小粉紅成群結隊，到現場示威之餘，也曾連署發信，呼籲主辦方取消我的演講，否則就要「破壞中國與該學校的關係」。

從個人層面，我被小粉紅攻擊的程度，或許高於大部分香港人，是中共網軍重點招呼對象。過去也曾遭受港共的體制及肢體暴力，包括在機場被愛國流氓圍堵、襲擊，以及入獄數月。

這些都是不足掛齒的付出，但我想表明一點：盲信中共官媒、大一統論述，並付諸行動的小粉紅和流氓們，以及他們背後信奉的極權，對我個人的攻擊，是確實存在的。

但在二〇二二年的時空，同時也有一群願意冒險示威、高呼「共產黨／習近平下台」的，或者為二〇一九年對香港示威惡言相向而感到悔疚的中國人。他們都與目前仍是小粉紅，認為愛黨高於一切、示威即暴亂的人，是不一樣的。

我不會用國族語言去聲援，也不認為大家會像支持香港示威那樣，去對待中國示威。在聲援的過程中，我會希望這些不只追求停止封控，甚至還追求言論自由、思想自由的示威者，同樣去質疑中共的大一統論述，對統一的迷思／獨立的呼聲有更多思考及理解。

這種相對「反直覺」的行為，只是因為我單純地認為，任何一個運動，愈多人支持愈好，愈多人理解愈好。這些行為的出發點，是思考如何能為香港運動爭取最大支持，不論是來自（非小粉紅）中國人，或是國際群眾。這與堅持我們信守的價值並無牴觸，甚至會讓我們在國際討論中行進一步。

況且，削弱中共力量、增加中共管治成本，本就是挑戰政權的一步。示威背後所承載的訴求，固然愈直指權力核心愈好；但退後一萬步，即使是「非政治化」的「要求解封」，也是直接削弱了北京一直堅持「動態清零」的政治權威，至少會令北京在若干層面上自相矛盾，也令

「順民」不那麼「羊群」。

所以，無論如何，我都建議大家關注、了解中國示威，不一定要聲援，但也毋須落井下石。假如他們當中有些人不是無辜的，那也不用你來代勞了，讓社會主義鐵拳把他揍個夠吧。

（二〇二二年十一月二十八日）

中國人的紅色藥丸

中國國家機器之強大，由「白紙革命」浪潮擴散後的反應可見一斑。主要街道布滿站崗警察、隨機搜查乘客電話、（半）強制地要求示威湧現的大學落實提早返鄉安排、強化網路輿論審查、陸續抓捕部分示威者、令使用VPN更為困難……

被稱為「示威第一人」的南京傳媒學院女學生李康夢被捕失去音訊，連同更早前在北京四通橋示威的勇士彭立發，已經有許多中國抗爭者無聲無息地消失在這個世界上。

白紙示威令世人為之震驚，皆因眾人以為在中國嚴控輿論、嚴防組織，基本上不存在公民社會的情況下，能夠共時地在不同省市地區示威，突破中共的維穩陣線是近乎不可能的任務。「清零」政策所引起的民憤以及共同創傷，成為平民百姓毋須溝通卻能引起共鳴的共同經歷，才能締造如此難以想像的「完美風暴」示威浪潮。

當然，北京隨後的「棒子」和「蘿蔔」，包括部分地區逐步解封、遷責於地方政府和檢測公司，皆有助洩除部分民憤，大規模的示威亦無法延續至第二個週末。從結果而言，示威浪潮的第一口氣的確被沖散，亦難以預料能否在短時間內看到各地共時的大規模示威。

如此結果並不難預料——畢竟中共體制之強韌眾人皆知，亦無人預料這是短時間內可獲成果的反抗運動。但即使抗爭暫時被不同原因壓制下來，最珍貴的「認知突破」卻切實地正在發生。

今天早上我在收聽最新一集百靈果Podcast，標題名為「維吾爾的故事——V」，邀請到一位匿名、相貌被掩藏的維吾爾海外留學學生，分享他在新疆（東突）成長時的故事。在這個長達一個多小時的分享中，他提及：

1. 中共如何以社會事件（包括烏魯木齊七五事件[5]）挑動族群矛盾，以假消息、新聞管控促使漢人大規模迫害維吾爾人。
2. 維吾爾人的日常生活以及受體制的歧視和壓迫。
3. 身處外國的維吾爾人所面對的日常恐懼（包括轉換國籍便被中共視為恐怖分子）。
4. 認識的維吾爾朋友突然失蹤。

這些只是個別維吾爾人所受的壓迫，我們更難想像整個訊息完全封閉、由中共掌握敘事權力的新疆（東突）地區，數以千百萬計的維吾爾人所受的族群痛苦和創傷。

在這些故事背後，化名為V的學生也提到，他認為有份加害、或者袖手旁觀的漢人，即使是同樣有能力分辨對錯，但卻拒絕思考，拒絕產生「官方管道發放的資訊是錯誤的」的認知。

這就是中共長年累月所建立的「跟黨走」思想控制——假如膽敢質疑黨的權威，擁有獨立思維，便會遭受黨的報復。在恐懼心理的驅使下，大多數人都不願想、不願講。

但這場示威，亦令很多中國人無可避免地在休眠狀態中被喚醒，嘗試啟動他們對體制、社會的「是非之心」。在海外聲援中國示威的集會中，也有留學生主動在示威集會現場喊出支持維吾爾人、反對集中營的話語，並以漢族人身分，向一直被壓迫的維吾爾族群道歉。

這種認知突破，就如在《駭客任務》（*Matrix*）當中拒食保持昏睡的「藍色藥丸」，轉而服用認知殘酷現實的「紅色藥丸」一樣，是會改變人的思維模式以及行動，從而促使獨立思維和主體性的建立。

雖然受啟發的人數未必很多，亦依然有數量龐大的小粉紅沉醉於黨國盛世的愛國狂歡當中，但每個轉變的發生、獨裁的倒塌，總是由一小部分核心群眾的覺醒開始。

示威即使退潮，人心的轉化依舊存在。我們對現實要有客觀理性的判斷，但對人的轉化，總可以有多一點天真的樂觀和期盼。相信人的力量，始終是社會運動的立足點。希望這些事例能夠一點一滴地改變這個強鄰的國民，以令更多人在最基礎的民主、人權、公義問題上，有著

5　編註：烏魯木齊七五事件發生於二〇〇九年，因維族示威、維漢衝突而起，中國官方鎮壓時切斷當地與外界的聯絡管道，並指控此事件是由熱比婭（Rabiye Qadir，維吾爾族運動領袖）所策劃的極端主義、分裂主義和恐怖主義之暴力行動。

貼近普世價值的理解，進而付諸行動捍衛。

（二〇二二年十二月五日）

二〇二三香港家書——頑石從未成金　仍願場上留足印

倫敦下了一場大雪——門外的路被雪掩蓋，濕滑一地，窗外望去看到紅磚屋頂鋪滿白皚，迎來了我在英國最有節慶氣氛的聖誕。這是我漂泊海外的第三個冬天了，無論是個人或是大環境，挑戰有增無減，前路亦像被迷霧覆蓋，但慶幸至少能照顧自己，也有餘力照顧他人。在如此昏暗的大時代前，我也別無他求了。

除了倫敦的天氣，世界也時刻變幻。戰爭在歐洲開打，俄軍長驅直進，卻又被堅毅無比的烏克蘭在西方社會的全力支持下打退，將二十一世紀活成魔幻現實。中國清零封禁政策在年尾驟然解除，誰也沒料到導火線並非習近平登基或經濟壓力過大，而是中國各省市出現大規模和平示威，逼令政府回應。結果，中共就像發脾氣的巨嬰，一個月前仍在附和「共存等於共赴黃泉」，轉眼間就啟動「報復性開關」，直接由零跳至一百，結果跳斷腿，可能在短期內出現上億確診個案。就算你當目前流行的COVID病毒株是「弱感冒」（何況真的不是），如此爆發必使整個醫療系統難以負荷，滿目瘡痍。

一直強推疫苗證、毫無主見（皆因連「獨立」思想都成為禁區）的香港政府在中國全面開放後，又突然之間捨棄了「清零」政策，更準備取消疫苗通行證、限聚令，可謂屁股指揮腦袋的最佳體現。這些更動當然是「復常」步驟，乃合理適當，但我們不禁要問：為何不更早落實？在這個時間點更動政策，有什麼科學上的考究？連講求醫學應對的疫情都無法以客觀的理論、數據為政策辯護，那這個政府施政，又有何理性可言？政府遲遲地走對了路，香港市民卻高興不來，實乃悲哀。過去數年都有絕佳時機重新與國際社會接軌，偏要等到中國疫情最為嚴重的時候才緊跟其後，更可能短期內向中國開關，疫情或再次大規模湧港，到時香港市民真的要「自求多福」。

威權體制下，庸才上位、政治先行，智慧、經驗和能力在高官委任時不作考慮，二〇二二年便突顯了太監當道、港人當災的預言。

眼看香港繼續沉淪，我們當然不好受，這也衍伸很多關於「移民撚」的討論——指某些移居外地的人嘲弄還留在香港的人，或者在香港受難時採取幸災樂禍的態度，向仍在香港默默堅持的人落井下石。香港的問題只會一天比一天嚴重，「你知我知單眼佬（獨眼龍）知」，這兩年多，就算不曾想過離開香港的人，都曾思考過「移民」二字。大家都各自做了決定，各有限制、顧慮，家家也有本難念的經，這種時勢，或許我們最需要的是尊重和理解。留下或離開，大家都只是在一堆爛選項中，挑一個沒那麼差的，各自有苦難承受，有困難面對。在這些時候，何嘗不應多體諒一點，多一點鼓勵？離開卻不理世事，不比留下堅持（以任何微小的方式）的人清高。身處何方，都要時刻想著回饋社群，我們所做的選擇才有價值。

對我而言，二〇二二年也是難以應對的一年。剛離開香港時，此城變遷乃國際熱議題，折射了中共的蠻橫，也印證了民主衰落持續影響世界。踏入二〇二二年，尤其是俄烏戰爭爆發後，俄羅斯瞬間重新躍起成為「國際公敵」，其最親近盟友中國迎來喘息空間，連帶的香港議題也逐漸被媒體cycled out。對我而言，如何繼續「激活」香港討論，也是一種挑戰——因此，「多元化」和「建立社群基礎」便成為我今年的關鍵字。

文化、政治、社群經營，是海外離散社群的重點工作。今年的重點，便是嘗試將我的倡議工作拓展至不同範疇：先有創立了電影節來讓香港人真實的影像和聲音於海外延續下去，也有「落地」的讀書會，先後到訪英國超過十個城市，與當地社區組織交流。政治倡議方面，除了在歐洲議會、英國國會等議會作證外，也有應邀出席數十個講座、演講以及外訪活動，到法國、荷蘭、美國、台灣等地呼籲國際關注香港的政治犯以及政治打壓。

繼去年在芝加哥大學的教學工作外，今年我也應邀在美國常春藤聯盟校賓夕法尼亞大學逗留一星期，擔任訪問學人，與學生、教授以及校園組織分享香港以及個人故事。另一件大事，則是我有幸獲頒榮譽博士，並在匹茲堡的博雅大學華盛頓傑佛遜學院畢業典禮上致辭，該致辭的內容與我過去發言不同，集中在我於過去習得的人生課堂，確算是我的一小突破。

來到年尾，承先啟後，首先當然希望自己來年能身體健康，左腳的十字韌帶早日康復，預計明年九月可重回綠茵場上。這段日子經歷了很多的迷茫和失落，總算有一個能重拾足球樂趣的目標時間。這也讓我意識到，你的身體會伴隨你一生，盡你所能照顧它的健康，是最大的財富和責任。另外也有一句俗套的話「身體是革命的本錢」，強身健體能促進敏捷思維，這是我們對共同目標的最低度貢獻。

另外，也希望多做組織上的發展，有數個非常振奮士氣的計畫已在進行，也有一些比較前瞻性的工作在腦海內醞釀。對我來說，二〇二二年雖有些新嘗試及新發展，但始終尚未建立在異地的穩固基礎，有些個人目標尚未達到，組建團隊也愈來愈困難。這些事情，希望在來年會有些突破呢。

未來一年對香港人的寄語，大概依然是「擇善固執，求同存異」，前路就如被風雪覆蓋的大地，人走多了便成了路，雪融開了便鮮花盛開。這陣寒冷，我們在互相取暖下渡過。

我是個怕輸的人　仍然扮勇敢
前去雖嚇人　往後退更不忿
常做炮灰的那群　和局大概仍吸引
明日或到我翻身

勝利會哪天光臨　狂輸不打緊
求記得有人　曾追得這麼近
頑石從未成金　仍願場上留足印
來日給廢柴導引
——Dear Jane，〈聖馬力諾之心〉

（二〇二二年十二月二十九日）

你要學會的，是等待自己

「試試跑過來吧。」物理治療師在我面前放下幾個紅色的雪糕筒（三角錐），鼓勵著一臉疑惑的我。

我能跑嗎？

「這樣可以嗎？」我邁著腳步，碎步向前慢跑。

「不行。要衝刺那種。」他用力舞動雙手，呈現疾跑姿勢。

好吧。於是我在三個雪糕筒中間來回折返跑，距離很短，小心翼翼，膝蓋比我想像中穩定，讓我有種久違的興奮。

即使我知道目前無法負荷正常跑動，但能感受到風在臉上拂過的舒爽，哪怕只有一陣子，都令人振奮。

去年七月十字韌帶嚴重撕裂，十一月尾進行重建手術以及切除部分半月板，足足等了八個月，才於三月尾、術後四個月的首次拔足前奔。

除了手術，當中更經歷了受傷送入急症、獨自於異國進行手術、術後馬上落地復健，數以月計的持續治療……那些苦楚，都令這刻變得更為珍貴。

縱使十字韌帶算是常見的運動創傷，但每次與有相同經歷的朋友傾談，都使人驚魂未定。對於一個經常運動的人來說，能在十字韌帶手術後回復昔日運動能力已是難得；膝蓋上的疤痕，更代表著更大恐懼——再次受同樣的傷，基本上宣告運動生涯完結。

重傷，康復，回復「正常」，足以使人耗盡力氣，困難重重。

當你看著在球場、跑道上緩緩奔跑的人，貌似簡單，但你永遠不知道他為此付出了什麼。

十字韌帶傷後四個月做手術太遲嗎？

康復進度算是良好嗎？

膝蓋在復健時微痛是正常的嗎？

無論是醫生朋友、Google或是ChatGPT，都曾在過去幾個月，被我關於傷病的問題轟炸。

我時常覺得自己進度落後——有些日子因穿梭各國工作而沒有按日程復健，在與物理治療師見面時常被糾正姿勢，看著手術部位疼痛水腫，總是感到無力。

有幾次對膝蓋狀況感到過分焦慮，讓我沉溺於搜尋資訊，通宵達旦地閱讀相關文獻、影片；也曾近乎藥石亂投地將自身資料發給醫學界的朋友，讓他們幫忙診斷，即使我深知他們未必能給予最準確的建議。

每次看到別人能在術後兩個月就打籃球、運動，很快便積極地重返賽場，我總覺得可以做得更多，是自身能力不足，才讓我無法盡快擺脫這樣的困境。

足球對我來說很重要，它幾乎是無可取代。在球場上我能感到真正的自由，透過可見的貢獻和進步，來填補我在無垠倡議工作中的失落感。

由於重要，所以在乎，也因此帶來焦慮，責怪自己為何沒有做得更好。

一個星期前，我從私人服務轉往NHS公立系統，物理治療師在首次會面時檢查我受傷的左腿。

他測試了活動範圍，很好。

他測試了肌力，比起術後四個月應有的標準高。

他叫我閉起眼睛嘗試單腳平衡，我吃力地做超過了一分鐘。

做完這些測試後，他向我投以微笑，指我的進度比他大部分客戶都更令人滿意。

看著我仍然一臉疑惑，他說：「每個人的傷勢嚴重程度、手術過程、復原能力都有差異，難以貿然與別人比較。最重要的是你過去努力是有成效的，你已經做得很好了。」

終於，好像一顆心頭大石放下了；原來，我的努力沒有白費。

每個人都有自己的步伐、差異，想要從別人身上尋找標準答案，到頭來其實是不切實際。

面對每一次失落、沮喪，因惰性而缺席的復健活動，對未來的迷茫，只有透過與自己和他人的對話和摸索，才能克服恐懼，撥開迷霧，認清真實的模樣。

你要學會的，是等待自己。

在尚餘五個月的鍛鍊歷程後，我便能如願地重回球場。日子雖長，卻令復出更讓人期待。

從小到大，我都不是任何類型的天才，更沒有贏在起跑線——這讓我覺得人生每件事，都需要加倍努力，才可以做得像別人一樣優秀。

復健這回事，下多少苦功，得多少回報，能戰勝的只有自己。

人生面對的挑戰，又何嘗不是如此？

（二〇二三年四月三日）

檔案編號NSDRN2000013

過去三年以來，國安處一直都指我違反國安法，今日終於揭曉涉案內容：涉嫌煽動分裂國家罪、勾結外國或境外勢力危害國家安全罪。

連同名單上其他七位被告，恐怕多數都對此並不意外。自身過去被「通緝」的至少有六四維園非法集結案、選舉呼籲投白票案，目前再被確認以國安法通緝，其最大的差別只是新增了一百萬懸紅。翻查警方網頁記錄，被控以謀殺案的通緝犯原來最多只有四十萬懸紅金額，這是否代表國安法下所犯的罪行更為嚴重？對政權而言，所謂「國家安全」（實為共產黨的權力穩定），比人命更珍貴。

對我來說，這則消息當然令人緊張，畢竟再次被中共盯上，始終都有著無形壓力。但由於我一直都相對低調地生活，亦重視自身的安全，因此這則消息並無令我感到有迫切危機。日後我會更慎重地選擇出訪、外遊的地方，亦更保障自己的個人私隱。

我在兩年前獲得英國難民身分，過去港府對我的通緝已在國際標準下認定是不合理的政治打壓。如此指控絕對是濫用「國家安全」概念的經典範例，將其涉及內容則定至無遠弗屆，以法律打壓異議聲音。在一個文明的國家，任何進行和平政治倡議工作的權利應被保障。這次被通緝者的倡議目標俱為希望港人獲得民主和自由，保障他們的基本權利，若如此行徑被視為觸犯國安法，唯一的結論乃國安法為絕對惡法。

至於國安處總警司李桂華希望我們回港「自首」，我當然不予考慮，皆因我所作之事乃合理、合義的和平倡議工作。我促請李桂華公開任何我有勾結外國勢力的證據——我既無收受任何外國資金，亦並非受僱於任何外國政府機關，更不接受他們的指揮或命令。假如會見外國政要、出席研討會以及聽證會是勾結外國勢力，那麼一眾香港高官早就應墮入法網。

我只是一個為香港人發聲的香港人，僅此而已。

在此我希望其他在名單上的同道安好，香港人請勿配合任何相關的通緝、懸紅行動。我們不應自我噤聲、設限，不應被政治恐嚇、勒索，不應活在恐懼之下。

（二〇二三年七月三日）

家與心房

家族的概念，我一竅不通。父親在廣東省的農村成長，二十來歲偷渡到香港，母親則是九〇年代尾從深圳移居。在香港，我沒有什麼親戚，也與僅剩的沒有太多往來。記得有一年農曆新年，我只拿到了七百多元利是（紅包），其中五百元來自父母的壓歲錢。

「為什麼你吉他彈得那麼好？」

「是我父親教導我的。」

出來工作，我發覺身邊很多朋友的一些技能和才能，都是來自家庭教育。誰的父親是老師，誰從父親傳承了音樂細胞，誰從小與父親到球場練習。受到一手一腳提攜之下，他們通常在某些領域表現良好，或者至少有濃烈的興趣。

我無法列舉任何一項事情，是我父母啟發我學習的。

在公屋長大，父母胼手胝足養活一家五口，在最勞累辛苦的環境工作。我陪他們在垃圾房執拾髒物，推過滿載汽水罐和報紙的手推車予「回收佬」，也見證他們在路邊推著小販木頭車逃避食環署追捕的狼狽樣子。

沒有家族的照顧，父母在農村家庭長大並只接受最基礎的教育，在如此基層家庭成長的一群人，都不期望父親可以成為模範或「Father figure」。沒有醉酒打鬧、債務纏身，能照顧家庭每天三餐，已是圓滿狀態。我記憶之中，一家人曾經最「齊整」的外遊，除了返鄉祭祖探親，就是到天壇大佛「打卡」。而我家在東涌，與大佛所在的欣澳是一程穿梭巴士、一個地鐵站的距離。

長大的好處，是可以誠實地面對家庭缺陷。以往被告知要有「感激之心」，無論好壞，都是父母「一籃子的愛」，在家庭互動中，小孩的感受與意見並沒有位置，甚至會引來情感轟炸。我對父母、家庭都不具備發問的權力，所知的一切，都是他們單方面給予的。在很久以後，我才發現，沒有經過咀嚼、思考、發問的理解，都是不充分且淺顯的。如是者，這種家庭連繫，又何以深刻？

但這並不代表他們的不濟。

母親誕下我們三兄弟的方式，是沿著同一條怵目驚心的傷疤，忍痛剖腹生產。產後為了節省住院費，首日便下床出院，挺著滲血的傷口，乘坐公共交通回家。我也曾看過她徹夜高燒，蓋著三張棉被「焗汗」，然後趕在早上吃退燒藥上班，縱使現在我也不清楚這種處理感冒的偏方是否管用。有些我在早上、中午吃飯的日子，總會看到她加一點水在隔夜白飯中，然後放進微波爐加熱，再佐以一小包酸菜，便是一頓飯。「好又一餐，唔好又一餐」（吃得好是一餐，吃得不好也是一餐）是她掛在嘴邊的話。直到今日，我冰箱內若有剩飯，我都會學她將飯盛到碗中，打開水龍頭，用手掌接住一小灘水，均勻地灑在白飯表面，再放進微波爐加熱。我不知道這是否是處理剩飯的最好方法，但也不重要了。

堅毅，是那個農村時代成長的女性，所具備最令人讚嘆的特質。但這也伴隨著其他令家庭情感教育乾涸的特質——不欣賞、不鼓勵，喜歡挑毛病，認為「罵」是管教的聖經，永遠認為自己是對的。似乎在靠天吃飯的農務家庭中，只有在氣候大亂的天罰下，才會向老天爺認錯。

父親的角色，就更模糊了——在那個文化背景、經濟階層中，好像一位不怎麼壞的父親，就注定是一位接近隱形的父親。除了承襲剛剛形容的一連串陽剛（或近乎威權）的特質，更多的就是「工作很累，回家休息」的生活節奏，或甚至是一種大男人迷信：賺錢養家，put food on the table，之後就是躺平的時間。

回過頭來，看著父親把自己調整成這種生活狀態，不覺得空虛、不覺得了無意義嗎？他喜歡釣魚，也的確曾帶我到附近的碼頭釣魚，但他從不引導我喜歡上這種消遣，也不告訴我為何他喜歡釣魚。直到今天，我只知道他仍然喜歡駕著單車，帶著魚桿四處尋覓釣點。但我真的不知道他喜歡釣魚的原因，或者為何做出所有事情。他就像一個平面，一個會抽煙、做過不同基層工作，曬得黝黑的男人。我不理解他對事情的興趣、動機，他也懶得解釋——可能覺得對著兒子，任何事情都不需要解釋，更不需要表達自己內心世界，到底承載著什麼。

「自我表達」對處於成長階段的我相當陌生。在家庭中，沒有人在意你的感受，只在意你是否按著他們想像你應該要走的路，以及是否達到他們設定的目標。你的哭喊，意義不在於你的情緒（或難受），而是你讓他們感到了什麼。

我一直覺得，在原生家庭中，我學到的大多是「我不要成為什麼」。但我並不覺得他們是壞父母——相反的，我覺得在如此文化、成長背景中，他們缺乏資源去反思農村家庭的上一代教育中，爺爺奶奶對他們種種的不合時宜。結果過渡進城市生活，將此等經驗套入某種前現代權威性的家庭環境，無意識地傷害了成長中的孩子。他們在自我表達、連結他人，尋找人生楷模的道路上，都是異常崎嶇的。

在某種意義上，我的父母或許真的盡力了。談及家庭，永遠是困難事：他們的經歷也伴隨著時代、社會的影響，在一層的壓迫和痛苦上，總會糾結著層層遞進的壓迫和痛苦。讓我感到幸運的是，由於我父母的努力，令我有更多情緒和文化資源，去為可能一代代延續下去的壓迫家庭環境，帶來解結的可能。

假如我有下一代，假以時日，我也希望從他口中聽到：「我的爸爸教會了我XYZ」「我對XYZ感到有興趣都是父親的緣故」。我希望他將享有一個更具鼓勵和尊重的成長環境，但同時我也會告訴他：你的祖母很堅毅且有股牛脾氣，你的祖父很沒趣並且很喜歡釣魚，我也可能與你一樣不太清楚他們到底是一個怎樣的人，但我相信他們都已盡力，在重重限制下為我帶來他們可以給予的一切。

我不知道「盡力」是否忠實呈現那些年在家庭發生的種種，但也不重要了。重要是我傾向相信這是現實，重要的是我能反思過去，並且告訴自己：你跨越了這道坎，接下來，不要讓下一代在同樣的地方絆倒了。

記不記得　你將證件　與機票　連著一份渴望
放入這背囊
扎根也好　旅居也好　也許你　還未知道答案
為了找人生　不同形狀
未知的　放手去擁抱一趟
換個比回憶廣闊的視角
乘著那風的幻想

離別的故事　散落途上
凝望那天高地廣
沿路寫下我
長夜裡看守甚麼
才值得你為曙光　為明日嚮往
儘管會不安

乘著那風
沿路感覺
何其遼闊　空曠
流淚的過雲雨　或遙望清朗
讓一切沒定案
——岑寧兒，〈風的形狀〉

（二〇二三年八月三日）

國家圖書館出版品預行編目(CIP)資料

時代推著我們前行：羅冠聰的香港備忘錄／羅冠聰作. -- 初版. -- 新北市：黑體文化，左岸文化事業有限公司出版：遠足文化事業股份有限公司發行，2024.08
面；　公分
ISBN　978-626-7263-99-0（平裝）

1.CST：羅冠聰　2.CST：民主運動　3.CST：回憶錄　4.CST：香港特別行政區

782.887　　113009031

黑體文化　讀者回函

黑盒子27

時代推著我們前行：羅冠聰的香港備忘錄

作者・羅冠聰｜出版・黑體文化／左岸文化事業有限公司｜發行・遠足文化事業股份有限公司（讀書共和國出版集團）｜客服專線・0800-221-029｜客服信箱・service@bookrep.com.tw｜官方網站・http://www.bookrep.com.tw｜初版・2024年8月｜初版二刷・2025年2月｜定價・380元｜ISBN・9786267263990｜EISBN・9786267263983（PDF）・9786267263976（EPUB）｜書號・2WBB0027